谨以此书：

献给所有的创业者、追逐梦想和用智慧和勇气奋斗在路上的人们。

献给一辈子在岗位上披星戴月、奋斗不止的父亲和勤劳勇敢的母亲。

袁岳

项兵

夏华

李元发

唐彬

叶有明

孟宪明

李黎

夏陆欣

叶明钦

王潇旭

中国创业者

采访本

吴平 编

Chinese
Entrepreneurs
Interview
Book

经济科学出版社
Economic Science Press

图书在版编目（CIP）数据

采访本：中国创业者 / 吴平编 .

——北京：经济科学出版社，2013.8

ISBN 978-7-5141-1160-6

Ⅰ.①采… Ⅱ.吴泰… Ⅲ.①访问记—作品集—中国—当代

Ⅳ.① I253

中国版本图书馆 CIP 数据核字（2013）第 209217 号

责任编辑：于　源
责任校对：杨　海
责任印制：李　鹏

中国创业者采访本

吴　平　编

经济科学出版社、发行　新华书店经销

社址：北京市海淀区阜成路甲 28 号　邮编：100142

总编辑部电话：010-88191217　发行部电话：010-88191522

网址：www.esp.com.cn

电子邮件：esp@esp.com.cn

天猫网店：经济科学出版社旗舰店

网址：http://jjkxcbs.tmall.com

北京盛源印刷有限公司印装

710×1000　16 开　15 印张　200000 字

2014 年 8 月第 1 版　2014 年 8 月第 1 次印刷

ISBN 978-7-5141-1160-6　定价：56.00 元

自 序

20世纪五六十年代，商业社会的发展还处于初级阶段，各种社会环境对商业的发展带来了诸多的阻碍，然而30年的时光中依然诞生了一些被历史记录的人和事。他们当中有红色资本家、也有实业家，如陈嘉庚、卢作孚、王光英、荣毅仁。他们以自己的方式，在新中国商业发展史中留下了不可磨灭的印记。

七八十年代，中国的商业浪潮席卷了中国社会的每一个角落，商业成为了重要的引擎。因此，我们可以看到一串长长的名单：柳传志、张瑞敏、李东生、倪润峰、仰融、史玉柱、任正非、马云、宗庆后……这里的每一个名字都是重量十足、星光熠熠，当然这个名单可以列得更长。他们每个人都可以写上厚厚的一本书，他们每个人都为商业社会的繁荣和进步作出了巨大的贡献。

而如今，实业家越来越少，或者纷纷转入投机，或者不到50岁就交班，而创业者的真实故事被《中国合伙人》演绎的有些理想主义。而那些普通人呢？我们每天在网络上看到的是对于阶层固化，年轻人缺乏改变命运的机会的叹息和呻吟。而让上千万人汹涌而至的公务员考试更是令人发指，万中取一的入职率似乎折射出青年一代对未来的严重不安全感。改造商业世界的雄心也常常淹没在"我要打好这份工"的话语之中。

然而我看到依然有这么一批企业家他们在这样一个时代，怀揣着商业理想，坚守着自己的事业，充满斗志和勇气、智慧和信念，他们没有因为环境的恶劣而选择退让，没有因为机会的增多而沾沾自喜，更没有因为一时的成功而停止奋斗的脚步。他们务实、坚韧、脚踏实地、信心满满，他们努力唱响着属于这个时代创业者最真实的声音，他们用行动诠释着最有力量的中国梦想，无论成功与否，他们是这个时代的商业勇士，他们值得被记录和赞扬。

　　献给所有的创业者，追逐梦想和用智慧和勇气奋斗在路上的人们。献给一辈子在岗位上披星戴月、奋斗不止的父亲和勤劳勇敢的母亲。

目　录

面孔一 | 袁 岳

语 录:

真正的成功者是一个自觉的革命者,革自己的命。

其实人最大的激励来源于信任,最大的动力来源于成就感。

越是老客户越是新生意,老客户面前要不断地创造新东西。

中国创业者
采访本
Chinese
Entrepreneurs
Interview
Book

袁岳，博士，
零点研究咨询集团董事长

创业者档案

先后毕业于南京大学、西南政法大学等，现任零点研究咨询集团董事长。研究和著述集中于工商管理领域的品牌管理、系统营销体系、内部管理转型、领导力塑造、危机管理、终端管理、营销研究方法论。其研究致力于传媒和政府多个方向。另外，他以自己的见解为年轻人写的各种文章和书籍，深受大众喜爱。主持《头脑风暴》节目，展现了其睿智，儒雅的幽默风格。2013年9月16日，参加由江苏卫视联合优米网共同打造的国内首档商业明星公益真人秀《赢在中国蓝天碧水间》，并担任蓝天队队长。

他是创业管理服务机构飞马旅{注}发起人，知名独立媒体人，央视策略顾问，飞驴湾首席国际旅行家，零点青年公益创业发展中心理事长，"黑苹果青年项目"发起人。北京大学社会学博士，哈佛大学肯尼迪政府学院MPA，西南政法大学法学硕士，2007年耶鲁世界学者。中国市场研究协会副会长，北京科技咨询业协会理事长，世界专业研究人士协会（ESOMAR）原中国区代表，国际管理咨询机构协会（AMCF）前副主席兼原中国区代表，北京留学生商会副会长，哈佛校友会理事，世界园艺博览会文化艺术委员会委员，中国国家标准委员会社调市调标委会委员，公益基金会中心与友成企业家扶贫基金会顾问。清华大学、南开大学、西南交大、中国传媒大学、中央美术学院等高校的兼职教授、EMBA/MBA/MPA 兼职导师。

主要荣誉

1992 年创办零点研究咨询集团，任董事长兼总裁。社会活动家，为美国卡内基国际和平中心、中美贸易全国委员会、英国牛津大学、日本《日中经济新闻》等机构提供讲题。

同时担任《中国经营报》、《财经时报》、《商务周刊》、《销售与市场》等多家媒体的专栏作家和主持人。

欧洲民意与市场研究协会中国（北京）代表

中国市场研究业协会（CMRA）副会长兼公共关系委员会主任委员；

奥组委发展战略顾问；

清华大学公共管理学院客座讲授，学院发展战略顾问；

西南交通大学兼职教授；

南开大学国际商学院 MBA 兼职导师；

汇名家网特约讲师。

主要作品

《实证中国：零点调查——数字解读百姓生活》、《零点调查：民意测验的方法与经验》、《哈佛修炼》、《公道》、《中国这边，美国那边》、《走进风月——地下性工作者调查》、《老板这边，员工那边》、《魅力赢天下》、《步步为零》、《新公道：公共管理新视野》、《新绝配：营销管理新视野》、《民意调查理论与实践》、《绝配》、《体验哈佛》、《平民这边，富人那边》、《中国消费文化调查报告》、《市场调查手册》、《观察中国》、《IX 零点调查》、《头脑风暴——财富论战》、《职场》、《调查中国生活真相》、《绝对神经》、《营销新菜单》、《策略深呼吸》、《头脑风暴之制胜职场》、《头脑风暴之商机无限》、《洞察——迈向复苏的新商情》、《调教——独生世代的新亲子之道》、《我的江湖方式——袁岳致青年书》、《黑苹果——袁岳的人情课堂》、《我们，90后！》、《趁年轻，折腾吧》等。

注：飞马旅：是由若干民营企业家组成专门为国内早期创业企业提供服务和支持的机构。"飞马诸君子"还包括乐百氏创始人何伯权、携程 CEO 范敏、汉庭创始人季琦、美特斯邦威创始人周建成等十余位成功企业家。飞马旅下设"飞盟"和"飞马天使基金"两个机构，"飞盟"是由许多的 VC 和 PE 组成，飞马旅会将会员企业推荐给"飞盟"，而基金会对会员企业进行投资。袁岳说，"飞盟"的目标就是合作的 PE、VC 基金达到 50 家左右。赛富、信中利都是合作伙伴。

记者印象

在接近年末的时候，在大家都在着急赶上回家的列车的时候，在一个临近新年的深冬的傍晚，我有幸采访到了袁岳先生，他跟许多忙着回家的人们不同，他还带着工作的状态，似乎一直是这样的一种状态——热衷并享受工作，但是明显的因为是临近新年而更显得轻松和从容不迫了。简单的寒暄过后，我们进入了谈话主题，他机敏、反应迅速，富有幽默感，我像进入了他的头脑风暴，与他的思想一起碰撞，而似乎"头脑风暴"就是他的代名词或者是一直在追寻的脚步。

袁先生让我敬佩的一点就是像文章的主题所说的那样，对，他是个善于革新和不断进取的领袖、创业者。人往往有了成就就会故步自封，而他总是像一个永不停歇的马达，在汲取着各种力量。他不骄傲，客观面对一切；他进取，不以现在的成就自居；他勇于面对困难，更勇于面对自己；他两年读一个学位，做一回访问学者，他用敏锐的眼光和不断革新的思维把握着时代变迁，（领导变革）带领它的团队用一个又一个五年计划，践行着自己最初的梦想。他是老板、是主持人、是诗人、是厨房哲学家、是合伙人、是博士、是学者、是青年导师，他拥有无数的身份和极度充沛的精力，他，为什么能够做到，他说"人，要革自己的命"。

中国创业者
采访本

Chinese
Entrepreneurs
Interview
Book

做自觉的革命者

——对话零点研究咨询集团

创始人 袁 岳

创业初衷

记者: 袁总,你好。很多人都知道您是一位知名的主持人,但其实更准确的讲您是一名企业家,或者说是创业者。

袁岳: 对,业余的时候是(主持人),专业的企业家。(笑)

记者: 我们先说说专业的,说到您的这个企业,您是零点咨询的创始人,首先我们如何去解读"零点"?为什么要建立这样一个企业?

袁岳: 其实我是 18 年前创业,在我做这个公司的时候,可能有的人说你做的是个什么公司?他不知道你做的是什么生意的。第二为什么叫做零点,我这个行业因为它是做研究和咨询的,我们是中国最早的民意调查公司、市场调查公司、策略咨询公司。其实这种公司在国外它是个成熟的行业,中国大部分人是做看得见的行业,比如说工厂、房地产等。比较少去做知识服务的行业，尤其是特别优秀的人才去做的比较少。但是我们看一个经济体的时候，它有一个非常重要的杠杆效益，就是如果所有的经济，每个人去做房地产，或者是其他生意，我都不经过认真的研究、思考、分析和认知的时候，它的质量会明显的下降。比如说我们现在中国和美国之间相比较，我们现在GDP 的比大概是 3.5 ： 1，投放在研究和咨询费用上的区别是 50 ： 1，也就是其实我们的决策大量是未经认知的。

我过去因为在政府部门工作，我能感觉到很多的这个决策就是领导拍着脑袋做出来，后来造成了很大的损失，那么，我那时候也有机会接触到一些国外的咨询行业，我觉得非常重要的是中国人在个体的智商上并不低，但是在系统的这种知识服务方面却非常的薄弱，所以这时候我才想创办这样一个公司。那么这个公司它实际上是国际成熟的这种产业在中国的运作，当然我们也充分考虑了中国的情况。

记者：公司的名字叫"零点"，这个很有意思。

袁岳：为什么叫零点呢，代表我们不简单地代表正或者代表负，是说我们要客观中立地来帮助顾客做出分析，做好咨询顾问的工作，当然也代表我们是从零起步来做这样的工作，然后我们可以看到 18 年来我们的这个发展过程，它不是简单的市场经济发展的过程，是市场经济的高质量的发展的部分，也就是说今天你要问哪个行业它的决策质量是高的，跟这个行业多大程度上借助咨询这个行业的服务是有密切关系的，如果这个行业它借助这种服务越少，它的发展质量越粗放，它接触的越多，那么它的发展质量越精细，品质就会越高，所以我们把这个叫做支点经济。

另外我们看到的是甲方的业务，我们做的是乙方的业务，因为有了这么一个小小的一个球，才把那么大的这个球撬起来。像以前几何学里面说，有一个支点我们就能把地球撬起来，问题是不光有这个球，还要有一个撬起这

中国创业者
采访本

Chinese
Entrepreneurs
Interview
Book

球的这个权重，所以我想中国知识服务的产业是提升经济品质的关键，如果我们把喜欢从事这项业务，有能力从事这项业务的人才凝聚在这个行业中间，营造出一个知识服务的行业出来，那么在对提升我们整个经济的品质就能起到非常重要的作用。

十八年，与国际大牌并肩作战

记者：营造出一个知识服务行业，提升我们整个经济的品质，我想这是您做这个行业的初衷，也是目标，但其实现在国外这方面还是有很多的经验的，但是国内它可能还需要时间去普及。

袁岳：18 年前我干这个时候人们都不懂这个杠杆，但今天如果我们仅仅从纵向来说的话，中国在这个行业成长是非常快的，而且今天世界上主要的这些国际大牌的研究和咨询公司它们也进入到中国，我们现在同台比武的都是国际的大公司，这个时候我们是很年轻的，我们是一个年轻的 18 岁的一个机构，面对的都是可能是 50 年以上，80 年甚至 100 年这样的金融机构，我们来跟他们竞争，当然也很难，但我更觉得有意思，其实知识服务行业的竞争就有点像比智比武，既比智谋也比能力，所以有的时候它也有很多乐趣，特别是你有机会跟它同台竞标然后你还能赢了它的时候，就是说大家都为客户服务，最后客户说你干的其实比它还要好。

记者：如何实现呢？成为一个有国际竞争力的国际机构。

袁岳：我记得 2007 年的时候我们在非洲竞标，和一个南非的机构一起来竞标，最后这个客户很有意思，他把这个钱给了我们一家一半，说你们一人负责做一些，然后 7 个月的项目当我们完成一半的时候，也就是我们初步成果出来的时候，客户对我们非常的欣赏，然后他就会跟南非的机构说，你们要干活儿的标准就是零点的标准，你们干到它这样我们就对你很满意。所以在过去的几年中，随着中国的资本走出去，我们为了提升中国资本在其他市场的成果，我们也跟它一起走出去，我们现在也有非常好的机会，就是随着中国资本的跨国化，我们作为一个咨询品牌也获得了成为一个跨国品牌的机会，成为一支有跨国服务能力的机构。

凝聚中国人力量的国际品牌目标

我们最近在做第三个九年计划，因为我们是每九年就会制订一次计划，计划再过九年你这个公司是什么样的公司？我想再过九年我们是一个源自中国的高品质的跨国的研究咨询品牌、跨国品牌，但是它是中国人发展出来的，所以这是我做这件事情的一个理想，也是在这个行业和这个领域中间凝聚的中国人的力量，当然我们也去整合其他的国际资源，但是来塑造的这样一个有中国文化特点的,然后又融合了世界上很好的有经验的一个国际化的品牌。

记者：完成这样的一个目标做了怎样的尝试？

袁岳：越是我们往外走的时候我们越会获得很多的自信，现在我们正在做一些很有意思的模式，比如很多的公司到其他国家只是收购一个公司，其实你对这个国家到底怎么样做生意一点都不了解，所以我们现在做一个模式就是，如果你经常到印度，我们第一步就是用 17 个指标让你明白印度做生意怎么做，包括这个地方政府的特点、黑社会的特点、工会的特点、怎么跟人家打交道等。地方政府的特点，比如墨西哥跟印度比它的差别是什么，就是很容易地先帮你了解这是一个什么样的投资环境，然后你要跟这个合作伙伴来讨论的时候，要注意什么样的要素。所以，我们不仅仅是把国内的这种经验很好地让更多的组织企业能够用上，同时我们也要能够帮助更多的中国

中国创业者
采访本

Chinese
Entrepreneurs
Interview
Book

现代管理企业在其他市场上进行这种投资风险控制，当然这是个很大的挑战，但是很有意思。

充分运用本土化资源

记者：有哪些具体的操作？

袁岳：我们现在有各国的合作伙伴，包括我们也有一部分境外的雇员，比如说我们在印度，因为在印度操作的比较多，所以我们一直在考虑要收购一个印度的公司，然后以印度人为主来操作。墨西哥是我们现在增长比较快的一个市场，墨西哥将来我们要考虑应该有墨西哥人，以墨西哥的同事为主来管理公司，同样，很多国外企业在中国市场的成功不都是老外在那儿，其中最成功的公司都是用华人雇员用的最好的，同样我们中国在世界上发展的时候，要能够充分地把其他国家的这种资源用好，充分地把本地化的资源用好。

走出去才能改变视角

记者：也就是我们在海外设立分公司，并启用当地雇员。

袁岳：是。但是我们也可能会用兼并的方式，或者是入股的方式。当然这是本地化市场，本地化你也要能够操控它。我差不多每五年左右到海外去做某一个国家的访问学者，用这种方式使得无论你的人脉关系，你的见识，你对很多文化的理解，你的角度上都会比纯粹坐在中国这边享受的人，你的重心感觉不一样。

我前两天写一篇文章，我们看的世界地图中国总是在中间的，结果你跑到新西兰的时候发现，这个世界地图怎么长的这么怪呢，因为它是新西兰在中间，它那么一个小小的岛国但是还是把它自己国家放在中间，然后你才看到这个世界长的就不一样。再者巴巴多斯，一个挺小的一个加勒比的国家，巴巴多斯把自己放在中间，然后再看这个世界的时候，那世界长的就更不一样了，所以这种中心感实际上就是文化角度的区别，如果你在做全球业务的时候就一定不能只有这种中国重心感的感觉，要有多角度和多重心的感觉。

知识服务型企业最核心的是人力资本，老板最重要的角色是协调者

记者：您刚才也提到过，设立海外机构，最重要的就是对它的控制，是不是因为容易产生控制不当，合作者变为对手的问题。

袁岳：其实这个问题在中国的时候就有，我们有很多同行，国内的分公司过一段时间也会另起炉灶。其实这一点对像我们这样的公司问题不是很大，历史上我们也有同事自己出去办公司的，这个很正常。因为你是一个新的领域，正在快速发展的领域，这个机会不只是你会有兴趣，其他人也有兴趣，尤其有些人比较有创业精神，这个空间大的话，那么想获得空间的人就会多。但是最重要还是有一个好的机制，这个机制是让大家都觉得这个公司不只是你是老板，我们全是打工仔，然后你把公司做好了，你天天在那儿收钱越来越多，我们在旁边看着你收钱，不是这种感觉。

知识服务型的企业其实它最核心的就是人力资本，所以在这个时候你应该设计一种机制使得大家在这个中间非常有成就，一个老板最重要的是在中间作为一个协调者，他不是财务意义上分钱最高的人。比如说你是合伙人，你获得一定成就以后你都是在这个公司中间拥有股份的人，即使你开始还没有获得股份，我先模拟给你一个身份，让你拥有参加分红的权利，这样的话他的心态就跟一个普通的工人是不一样的，你一定要让他觉得受尊重，有发挥的空间，有成长的价值，然后他就有动力，否则的话你使他

被动的在那儿干活，他很难跟你有很好的合作，尤其是很难有很多超越他自己现在的这个状况的一种爆发力或者是一种特殊的表现，也很难让客户真正会对他非常欣赏。

论老板

记者：作为企业的 boss，要考虑公司的各个层面，有的时候除了制度，领导者才能是不是也是推动一个企业发展的关键性力量？领导者应该具备怎样的才能呢？

袁岳：任何一个企业，特别是创业型的企业它之所以能够崛起和它能够在初期获得比较好的发展，这个老板一定是这样的领头人物，他有相当的洞察力，他的坚持心和他的毅力超过一般人，他笼络人的能力会超过一般人，他在面临一些机会的时候，他的果断、果决的能力也超过一般人。因为普通人其实都会犹豫不决，尤其有风险的时候，在遇见事情有风险要担当的时候，他这个勇气和魄力也超过一般人。所以这实际上是任何一个创业成功公司的基本要求，所以我想我们这个公司也不例外。

所以在这个意义上来说，企业初步能够成立，或者说在 1992 年小平南方谈话后，很多人都去尝试做这个行业，但大部分没有真的做出非常好的品牌，我就认为是不是跟这个领头人物是非常有关系的？

当然，对于一个公司来说它的好事是有这样的人物，它的坏事也在这个地方，其实任何一个公司的任何一个人非常好的 Idea，或者非常有洞见的这种判断，他真正管用的是五六年，在很短的时间就可以管用，但是再过五六年，经济是有周期的，再过五六年你这个 Idea 就不行了，你还坚持你原来的这套做法，你会发现一个企业很容易在一个人手上起来，也很容易在一个人手上完蛋，所以要意识到这一点，思路很重要。

如何保持领导力

记者：一个成功的企业除了领导者的能力外，您刚才说还需要领导者思路的转变？

袁岳：第一你怎么样自觉地减少只是靠你个人的想法，反之去尝试扩大吸纳其他人意见的这种所谓民主制度，还有一个就是要有意识地给自己机会改变自己的知识体系。

所以对我来说我觉得有这么几个方式，一个是每过五年我学一门新的学科，我以前都是学学位的，但是现在我就觉得学学位，包括写论文、考试什么很累很累。所以我现在就是每五年做一个访问学者，差不多用半年到一年的时间对一个领域、对一个国家或者是对一些东西来做一些研究，借着这个时候我就更新一下自己的知识，使得自己仍然在高速运转。

企业高速发展的时候，人其实主要在消费你的知识，但是你需要用停顿一段时间来补充你的营养和你的能力，而且这段时间我有一个特点是停下来不管自己公司的事，所以这个时候就给自己一个机会，就是可以看一看在你不管的时候这个公司怎么样，我第一次这么干的时候是 2001 年。

新知加新的伙伴就是生产力

记者：我很好奇，真得能够放下吗？运转的情况如何？（笑）

袁岳：其实我还好，主要是那段时间发展也很好（笑）。其实我在走之前先做了一个民意调查，就是如果我不管公司会怎么样，只有 11% 的人认为可能公司真的不行了，也有 20% 的人说 better，这时如果你不在，说不定更好，还有一些人说不会受到影响，还有一些人说受一点点影响，所以这个意思好像大家都希望我不要老呆在那儿（笑）。所以，那时就给我一个很重要的感受，就是说，也许真的不会比你自己亲自管差，其他人有其他人的解决方案，其他人有其他人的优势。就像在我离开的时候我们有一个总裁，他的管理的方法就是比我更加亲和，我比较强势，我定了就是这么干，你别啰唆，他就会花很多时间给你把这件事情讲得很清楚，所以他最大的好处是一般他说完的事大家都明白，我说完的事很多人干过了他也还没明白（笑），所以这就是不同的领导方式之间的这种差异。这种经验让我更加了解，你要给空间让更多人将这种优势发挥出来，所以这样第一你有了新知，第二你有了新的伙伴，新知加新的伙伴它就能够变成新的生产力。你获得了这种信心之后，做事的时候你会更加放手，你对大家有一种很自然的信任，然后你给了这种信任以后，其他人就会更加自然的负有责任了。

很多人说，你管这个公司，为什么可以有机会跑去做主持人？很简单，就是说我要整天在公司里呆着对公司不好，说整天他们干啥事你老去盯着的话，我的眼界会太短，而他们的空间也会短。其实对于我来说，我的最重要的一个调整就是，要能够看到整个经济的大势，资本发展的大势。整个管理的大势中，什么新的因素正在发展？人们的想法有什么变化？整个的产业趋势有了一些什么新的动机？技术里面有了什么新的进展？那这个东西对于我无论是读书也好，无论是我做这个节目也好，它最大的好处在较短的时间内你可以去发现，可以概览这个趋势性的东西。

如何摆脱衰退的宿命

记者：嗯，去把握更高层面的、趋势性的东西，这样做的好处是什么？

袁岳：我们永远是领导变革，我们每过五年左右我们会提出来说这个行业应该往这个方向发展，我们这么提的时候我们同行就会说什么意思，为什么这么干，过两三年才明白为什么要这么做，是因为我们总结出来的这些东西是从实践里面提炼出来的，是我们直接在接触过程中间提出来的，所以它的好处就在于我们总是会在每过几年革新一次。我们这样说好的同时我们就这样做了，否则现在我们就会比较被动。所以一直到现在为止我们始终能够保持在行业中某种领先的地位，这也在于我作为一个领导者不限在一个非常具体的业务里面。比如，同样是去大峡谷，你跑到任何一个峡谷里，你当然脚踏实地，但是你就可能看不到整体的这个峡谷，但你要坐在飞机上，可能250个峡谷你15分钟就越过去了，你看到的是一个整体情况，一个公司也要有分工，我的工作就是要坐在直升机的这个高度上。所以，这也是个阶段，到了某个阶段，到了一定规模的时候，这个公司的领导架构里面就要有这样的分工，有的是飞机，有的是预警机，我现在是相当于预警机，然后有相当于核心的战斗机的团队，然后有运输机，有加油机。

我觉得今天我们大部分的公司要超越这种过几年兴旺一下就会衰退的这种宿命，很重要的就是领导要自我进化，超越这种现在的经营，有些人如果你没有魄力，没有这种能力的时候你开始创业就很难发展起来。当然还有很多人会迷信自己原来的这种能力和经验，那你就很难超越被原来的经验束缚住的那个结果。所以真正的持续的成功者是一个自觉的革命者，革自己命的。

去了解尽可能有价值的领域

记者：您去学习或者了解了非常多的专业领域，这里面的选择有针对性吗？您是怎么安排的？

袁岳：这个是很有意思的，比如说我第一个是去学社会学，因为我以前是学法律的，第二个我是去学的公共管理，很多人说你为什么不学工商管理，学公共管理，我认为在中国这样的社会中，学公共管理特别重要。因为其实这个大企业是一个公共管理过程，到今天我们看国进民退的时候，你更会看到公共管理是特别重要的。当然我第三个学的是全球化和国际关系，在耶鲁，这个问题我是站在跨国业务发展和跨国的国际关系这个方面。我2012年会

中国创业者
采访本

Chinese
Entrepreneurs
Interview
Book

去巴西（2011年录制的节目），在未来的几年中，世界经济中最重要的稳定增长因素，恰恰是来自于中国、巴西、印度、俄罗斯、印度尼西亚这些所谓"金砖国家"。

11 个未来全球经济的驱动国

袁岳：对，它们在世界经济方面稳定增长的基本元素，不是欧美，是这些国家。当然很多的年轻人就会说，奇怪这些国家我们看着好像生活条件没那么好，我们也没想去留学，如果你研究贸易结构就会知道，现在我们的外贸出口中，欧美市场有的时候上一上，有的时候下一下，它是很不稳定的，未来几年是非常脆弱的，但是这些国家现在虽然还没有到那么高的增长数字，但是它是稳定的增长。你看我们每年的广交会、上海的国际采购会，你可以看到稳定增长的恰恰是来自于这些国家。这些国家有共同的特点，人口在7000万以上，国家最低的经济增长点4%左右，平均保持4%~6%左右，然后持续增长8年以上，国家正在为适应全球化的发展进行经济政策结构的调整，符合这四个条件的，全球有11个国家。这11个国家，如果我今天问很多的年轻人，要在全球创业和找全球机会你要关注的是什么，就是这样的国家，刚才我说的还包括像印度尼西亚、南非、埃及、尼日利亚、墨西哥、巴西、阿根廷，像孟加拉国、越南，这些都符合刚才我说的金砖国家的这个条件，他们才是崛起中的中间力量。

在自我革命中找到发展动机

记者：您刚才谈了许多观点，包括作为一个企业领导者的身份、学者的身份、革命者的身份，这些是个人的力量，这是企业发展的全部动力吗？还有什么？

　　袁岳：我觉得最重要的是拥有一个知识服务的团队，中国传统的知识服务，特别是做咨询，它实际上都是个体化的，我们知道最早的孙子兵法，到后来我们看诸葛亮都很棒。它的一个特点都是个体化的，如果只是一个个体化这种特点，我觉得公司就很难真正会长期的存在，尤其是很难会呈现规模的增长。今天我们的公司有 19 个合伙人，这 19 个合伙人中间有 17 个是从我招聘他到这个公司之前他都还不是太知道这个行当是干嘛的，我倒觉得他们很有潜力，慢慢培养出来，成为公司的合伙人，成为独当一面的管理人才。这些人都有共同特点，热爱做顾问。你要知道有很多职业，有的人热爱做记者，有人热爱做投资家，也有人热爱做房地产开发商，这种人的特点是热爱做顾问，什么意思呢？就是不热爱做老大，热爱做老二，就是军师那个方面（笑）。他热爱做这个，所以他研究，他分析，然后他发现好的是看到你很成功，他很高兴。因为有的人的特点是要求自己成功，就像诸葛亮看到刘备当皇帝，他觉得挺高兴，他的爱好，他的潜质里面有适合干好这个行当的因素，热爱这个东西，有这个东西。同时在干活的时候非常敬业，把自己朝专家化的方向去培养，他不只是马马虎虎混过去就行，还要成为一个在这个领域中间被客户认可、被同行认可、被人们认可，他有成为这种人的成就感。

　　还有一个特点就是愿意和其他人配合，因为今天我们干的是现代咨询，现代咨询的一个特点，就是跟工厂似的，以前诸葛亮帮你出一个主意就可以了，但是今天我们可能同时有 200 个企业请你为解决某一个问题在做咨询，所以你跟个大工厂似的，你要为很多的这样的问题提供对策，那这个时候就意味着光靠自己一个人给人家出主意是不够的。每一个项目，它实际上分了好多环节，很多模块，不同的人、不同专业的人、不同长项的人在这个地方工作，所以非常重要的是小知识分子特别容易自我感觉不错，但是现在你要把他们变成一个大知识分子，所谓这个"大"的意思是说你要容纳跟很多人一起工作，还要认可其他人，鼓励其他人，很多人在一起各自发挥他的长项，然后拼在一起以后能够为客户提供最好的解决方案。所以这个东西就要求小知识分子超越他的小知识分子的本性，这个我把它叫大知识分子，这个"大"字我是指它的容纳度、协调度提高了。要符合这三个条件的人，最后成为我们的合伙人。这些人有种特点就是某方面的东西我拜托给他，95% 你就不用管了，只要我前面把目标讲清楚，或者你把目标讲清楚，我说 OK，这个目标很好，然后说一年之内我不管你，或者两年之内你就按照这个实现就行了，然后你说要我提供什么条件，要什么政策，我就 OK，我就给你，这是 idea，然后你去干就行了。这样的话，就能够形成一个团队，然后对于我来说每个人各当一面，负责不同的东西。就像一个汽车似的，所有的零部件把它做成一个整车，完了以后我就开开车就好（笑）。所以我觉得当我们能够把这种工业化团队协作工作方式开发出来，这样我们就解决了一个长期持续的发展。当然我们采用同样的模式去开发更多的人才，当 19 个人变成 190 个人的时候，就会有显现。

最近我在做我们的计划书，我们要在未来九年中进入全球的大型咨询公司的行列，那我们的目标是将我们现有的合伙人的数量增加 10 倍。我们进入全球的跨国大公司的行列，这就意味着不仅仅要超越他们，还要超越我，这就要求你要容纳各路豪杰，这是宋江的梁山和王伦的梁山最大的区别就是王伦是白衣秀士，只把看得上的人留在那儿干活，宋江是能够包容五湖四海的英雄。其实从这个意义上来说，你要追求一个有高度的发展目标，你总是要把自己放在较低的位置，在自我革命中间找到发展的动力。

记者： 您把团队中人或者说人才的因素放的更重要一些，您是怎样选拔人才的呢？做咨询的人才要具备怎样的素质？

袁岳：对，因为知识服务产业中最重要的是人，而且你知道有些人是超越你的，尽管你看着不顺眼（笑）。像我们有一个新产业发展的非常好，这个合伙人他是从日本留学回来的，他最大的一个特点就是普通人你跟他一说话的时候，你觉得这个人特别奇怪，明明白白的事，经过他一说你基本就糊涂了，所以你就会觉得这个人好像应该是很有问题的，但是他就是有一些非常的想法，就是你听他说三回是糊涂的，你听他说九回的时候，你才知道他说的那个东西真的不是你能想得到的。其实他是很有想法的，所以这个东西你就不能用简单的方式去应对，要有耐心。

再比如说我们公司的二把手，以前我招聘他的时候，他是特别吊儿郎当的，他认为这是什么破单位，根本就看不上。所以在我要聘用他的时候，其他人都觉得这个人恐怕留不住，但是最后他证明，他是一个非常有独特创造性的人，他每次想到解决问题的方案，不是用我们已经想到的方法，他总是会尝试两个新的方法，后来证明可能有一个方法比原来那个方法强很多。

好奇心 自信心 责任心

所以有几个东西在我们这个行当中间是特别重要，第一对新的东西有强烈的好奇心，对应用性的东西有强烈的自信心，对应用的东西完成了以后怎么把它变成一个可行的方案，他要有强烈的责任心。所以他有这几个东西结合起来的时候，他对干这件事他就会做的很到位。所以跟我一比较的话，我本来是对新东西有信心，但我稍微有点虎头蛇尾，就是我开始对它挺有信心，然后说挺好，你们干，后来都忘掉了这个事，但是他就会把一件事情从发起到最后把它用上，他有完整的流程。所以这个时候，对我跟他的强项来说，我只在这个部分，而他那个强项能够弥补一个整体。

人才的一个特点就是总是他在某些方面超越你的时候，你总是会觉得有些不舒服，当把这些东西都能够很好地整合起来的时候，你就会建立一个整体。前面我强调了其实我只是变成了在这个系统中间的一个部分，因为其他的很多人他们在某些方面都是超越我的，我只是在这个中间起到了某一个比如说连接机的作用，或者在某些地方的时候，我是其中的一个重要的构建者。

见识多能增加领导者的容纳性

记者：领导者怎样才能有大的容量和耐心。

袁岳：这就是当你有新的知识的时候，有很多人没有知识，知识不够，比如说我是学物理的人，我就很可能会排斥你学其他方面的人，如果你本身对很多领域的知识都有了解的时候，你更容易接纳、理解人，所以这是我觉得广博的见识是拥有肚量的前提，有的人天然有肚量，但假定你不是天然有肚量的时候，见识多会增加你的容纳性。另外一个就是要给人机会，就是超越，很多时候我们之所以不给人，不容纳人，是因为担心，就是担心会把事给搞砸了，所以我这个人特点就是我先给你机会搞砸一回，从我心里来说我先定好，你就是会搞砸的，我就给你搞砸一回，然后最后的结果是很少有人会搞砸，他不仅不搞砸，还能把一个事情做好，而且是用不同于我所知道的方式，大部分人都能够做到这样的东西。

人最大的激励来源于信任　最大的动力来源于成就感

一个领导者其实你把自己的心态，把这些斗争事情想清楚了，你的行为就会让合作的团队和伙伴们感到舒服并愿意在这个地方和你一起来奋斗，其实人们最大的激励来源于信任，而且人们最大的动力来源于自己的成就感。

所以这就给我增加了一个信心，你要把人老认为会搞砸了，你不给人机会，你真的会搞砸，你真的给人一些机会，他不会搞砸，即使有小部分的搞砸，大部分没搞砸和小部分没搞砸，一比较，投入产出的收益就出来了。所以这样的话你算完了你才知道，信任与给予机会后搞砸率是很低的，不信任，连搞的机会都没有，别讲搞砸，因为东西都没有，你搞不搞砸又有什么意思呢，所以这个很重要的。信任是给了空间，在这个中间他多多少少做了一些东西，他过去都没有做过，他只是有兴趣去做，你给了他资源去做，这个资源是我的，但是我就怀着说这资源被你搞砸就算了，但是他拿着资源做成了一件事情，他从这件事情里面看到的不仅仅是原来的资源，还看到了他自己的努力，我能干成这样的事，这个人就不在原来的层次，他就上升到新的层次。最重要的是在一个组织里面用成就感培养出来的人才才有忠诚度，他是在你这个地方不断地你给他资源，然后他有成就感。

所以我说我现在的 19 个合伙人有 17 个人是自己培养出来的，所以以前柳传志就讲过这样的道理，我也非常同意。就是说，在联想这个团队里面，他实际是以子弟兵为主的，柳先生的说法叫模拟家族制。不是我的儿子，但是在某种程度上就像我的儿子似的，因为他是一手一脚调教起来的，这跟你找个空降兵回来干事儿是完全不同的一个感觉。当然一个事情中间，不是说只有这样的人能干事，但是你的主力队伍，大家在一起合作的时候，大家能够互相体谅，摩擦系数小。有没有这个团队是非常重要的，所以有了这样的一个团队，文化有一个谁融化谁的问题，所以在今天来说，我自己参与具体业务会比较少，但是我更会参与人力资源这个部分，包括大部分情况下的面试，然后一些核心的培训的课程我都还会参与，实际上你是要把人选对了，把人调教对了，然后你给他们的很多事，他是比较自然的能够搞定了，所以人的工作在知识服务行业和企业中间，它的压倒优势是第一位的。

企业文化内涵

记者：刚才您提到文化融合，零点的企业文化是什么？

袁岳：我们要讲点理想的。因为我们所做的这些，比如帮助一个角色，这个角色可能是个市长，可能是个大公司的老总，我们要以他追求的这个目标为我们的目标，而且我们的这个理想有个很重要的特点，我们这个公司非常正统，他的正统就是不搞歪门邪道，不给回扣，不助纣为虐。你本来搞乱七八糟的事，你找我们做，哪怕给钱我们也不做，我们是讲究理想的，包括我们做了很多的民意调查，都是为民请命的，从老百姓的事情发出，但与此同时，我们也相信每一个革命理想都是可以套现的，所以革命理想越好的人

中国创业者
采访本
Chinese
Entrepreneurs
Interview
Book

他一定最后分到的钱最多，越没理想的人，越庸俗，越钻小钱的人分到钱一定最少。当然另外还有一点就是这个公司里面要以人为本，这是个什么东西呢，比如说现在我们招聘的一些员工都是 80 后为主了，这个 80 后为主就意味着我是 60 后，我就必须得以 80 后为本，以 80 后为本你不能整天说 80 后这帮孩子整天怎么怎么样，因为如果你招来的大部分都是 80 后，你就不能说这个不好，你就知道这就形成一个形势，一个态势，那我们就要研究用什么样的方式是更好地来管理、调教、裁培 80 后。

80 后人力资源服务模式

所以我们在 12 年前研究 80 后，我们在六七年以前提出来叫适合新生代员工的人力资源管理模式，人力资源服务模式，我们不仅自己在公司里面探索快乐工作的模式、高效工作的模式、把个人爱好和工作相结合的方式，同时我们帮助我们的客户，比如像宝钢这样的公司，怎么样在你的工作中间让年轻人有更多的空间，我们要把这个新一代的管理模式推行到我们客户的这个公司里面去，其实你这个探索的很多东西你是会得到回报的。比如说今天我很多东西要在公司讲，所以我的最高的目标是尽量减少在公司里讲话，我是很擅长讲话的，我在外面做很多的演讲，在大学里做很多的演讲，主持的时候也说很多的话，但是我在公司里就要减少说话，我大概在公司里一年发表公开演讲 5 次到 6 次，除了有的时候做一些培训之外，我作为一个领导，作为一个董事长讲话是尽可能在董事会上讲一次话，大概高管会议会讲几次话，员工面前正儿八经全体员工的讲话大概就两次，不会整体开会的。

我们在订立一些无论是员工的活动计划，比如公司的一些管理措施的改革中，一定是先开民主会大家提意见，实际是什么样，大家觉得什么样好，然后到最后大家觉得这个怎么样，而不是这事应该这么干，最大限度地让他们去做事。这一点我觉得其实是非常符合 80 后们，因为 80 后第一想象力方面比 80 前的人强，行动力方面比 80 前的人弱，所以第一发挥他想象的优势。第二，让他锻炼，所以这样同时弥补了他的短处，发扬了他的长处，多练几回他就有行动能力了。再比如说我们这个公司要参加这个行业的优秀论文大赛，这个写的好的论文很大一部分就是 80 后写的，他就在于他敢写，他敢去设计。

一个员工你只要从第二年开始，不管你是任何岗位，你就要再去学另外一个学位，你是硕士你再学其他的硕士，你是硕士你就学博士，你是博士你再学一个博士，或者你再去学博士后什么，公司全部是学费支持，连一个普通的财务人员说我要进修一个高级的财务，录入人员说我要去参加一个什么样的培训，我们都一样支持。

允许跳出来，还允许跳回来

记者：这样有跳槽的风险（笑）。

袁岳：我们还是有很多人跳槽，你跳完槽以后可以到其他公司比一比，我们叫做允许跳出来，还允许跳回来，所以我们每年都有一些人跳出去，然后以两三年为周期的话，每年都有人跳回来，而且跳回来的人通常还比跳出去的时候还更棒一些，因为他毕竟有其他地方的经验了嘛（笑）。所以这种人的管理和人的预期要用长期来看，包括他跳到客户那里去的时候，他也是我们的人，他只要对你有情感，对你有认同，都是对公司有益的。

记者：刚才说了很多关于文化、企业机制、人的因素，除此之外还有哪些因素来塑造一个成功的企业？

袁岳：在做咨询公司的时候，里面有一些东西，比如说模型，另外一个就是实地获得资料的能力等。比如做非洲的研究的时候，很多人都没有在非洲做过实地研究，我们公司很多同事去的时候都很害怕，非洲谁都没去过，所以一般来说像这种谁都不敢去的，我都带队，所以非洲我是亲自带队去的。但是我们在非洲访问了那么多人，我们得到的结论是比在中国做访问还容易。

因为其实人家对你很热情，人家就是说中国人跑这儿来帮我们做访问，他们觉得很有意思，而且也没有像我们想象的那样有那么多社会治安问题。我们跑到南非约翰内斯堡，说有一个华人的市场，温州人开的市场，中国人去以后经常被抢，温州人都在那儿整天做生意，我们跑到那儿做个访问怎么就不敢。那只是谣言，温州人做生意就没事，我们去就有事？另外，我们就专门做了一个分析，怎么着就会被抢，后来我们总结出十条规律，在十种情况下有被抢的可能性，如果你避免这十种情况，其实你是不大容易被抢的。举个例子，如果你背一个包，上面写着中国旅行社，你很有可能被抢。因为非洲人觉得只要上面写着大字的，很有可能来自于一个大机构，中国的大机构，所以大家有一个很重要的观点，不能背上面有大字的包包。我们总结了十条，所以我们要求每个人尽量去避免这十条，应该说就没问题。实际上我们后来做的，包括我一定要去贫民窟，我去任何一个国家一定会去贫民窟，虽然大家都知道游客一般不敢去那种地方的，我的感觉是贫民窟是最安全的地方，贫民窟是特别普通的人民，然后他们还特别热情，他们特别好奇，而且对这个国家文化的了解是超过很多其他地方的。所以我在非洲，无论是约翰内斯堡，肯尼亚的内罗毕，我都去贫民窟，我在对每个国家的城市作研究的时候，我都会去贫民窟，做对比的。这个说明什么，就是一个实地能力，你能够扎根到一件事情的根底中间去研究它，你很快能形成一套模式，国家和国家对比的时候，有哪些关键要素来进行对比。所以后来为什么最后的时候，这家机构对我们会非常认同，因为那个机构认为他们在南非这么多年来对西方很了解，他们也有一套做法自己觉得很成熟。但是我们中国人的特点是，我们看了英国人怎么干，美国人怎么干，日本人怎么干，就把研究非洲国家的其他人的研究方法，我们都通通看了一圈，我们梳理了一套东西以后，你能干的我们都会，我还知道的你还不会。就像我们拆车的时候，我们拆很多人的车，拆完之后做成一个车，跟你长得都不一样。这是我们的强项，学习能力非常强，知识型机构发挥知识的长处，干出来的活是非常有优势的。所以从这里面我们得到一个激励就是，我们不仅仅是在劳动密集型的、制造型的产品中间有优势，我们在智力密集型的这种知识型的服务工作中间，我们也是很有优势的，只要你肯去尝试，咱中国人什么都敢尝试。勤劳勇敢，只要勤劳，什么地方都能去，勇敢，什么玩艺都敢接，什么东西都敢学，什么东西都敢尝试。基本上，我看我们这个领域没有什么活我们是搞不定的，而且你能搞定一个活的时候，你对国际机构的刺激是很大的，他们以前认为中国人搞不定这个的，但是发现你比他们搞的还好，他在帮你说好话的时候就比我自己说好话还管用。我们过去一直合作一个美国的福特基金会，这个福特基金会后来就成为我们最大的免费宣传员。最近我们在合作一个项目，关于公益创业管理方面，他们就跟其他人说，我们不要跟你们说那么具体，你们看看零点是怎么干的，达到他的要求，钱就给你，达不到这个要求，钱就没有。所以非常重要的是最后你得不得到客户的认可，得不得到市场的认可。现在在很多领域中间我们的尝试还不够，我们在低成本尝试的很多，在许多领域中间我们不敢尝试，我们要大胆尝试，我们能做得很好的东西还有很多。

老客户的新生意

记者： 现在国内追赶的力量还是很强的。如何保持优势？

袁岳：你说的很对，其实在公司内部管理的时候会遇到这个问题，我们公司内部有知识管理系统，我们经常会把很多好的经验总结起来，但是有人离开的时候会把这个东西带走。我们内部经常也会想，这个东西要不要再和大家分享呢？有些人说不行，以后我们不放上去，放上去以后，一走就带走一堆人。而我得出的判断是什么呢？没关系，只要分享必然有代价，我们的能力是要创造更多的。他带走1.0的，他带不走2.0的，他能带走2.0的，他带不走3.0的，关键在于你不要守着1.0吃饭，我不是说了吗，五年之后1.0本来就过时了，你本来就不能靠那个吃饭。就像我们有的加工企业，造鞋子，人家下过一个单做成这个鞋子，以为靠着这个鞋子就能有好的发展，其实明年应该有新的鞋样了，你要没有那个能力，你是永远赶不上的，所以你要有这种创造能力。这个思路明确了，我们的方式是，每年你能创造出 40 个新鲜的模式，人家学都学半天，别说干。所以重要的是如果我们停止了学习和停止了创造，不用人家干，我们自己就把自己干掉了。

特别像老客户，在知识服务领域中间，老客户是最重要的，人家老回头找你，老客户是一个最重要的创新动力，老客户去年跟你合作，你这么做，他觉得很好，明年合作，你还这么干，人家说能不能来点新的，后年还这么干，人家说对不起，我换换，人家是非常见异思迁的。越是老客户越是新生意，所以你在一个老客户面前，你要不断地创造出新的这样的东西出来。也正因为这样，对我们来说，你要创造不出新的东西，你就会被抛弃，所以我们不怕人家学，但是要有创造能力，你没有创造能力，这个怕不怕都不存在，因为没生意了。这就是对知识型服务机构最重要的挑战，创新不止是一般的发展，创新就是你的基本生意。所以对于一个领导来说，这个领导为什么像校长一样，同学们要有危机感，今年干得好的生意，只要好，同行就会看上，大家都会进来，因为有"肉"嘛，我说一块肉放在那儿发出味的时候，全世界的苍蝇都会知道，所以不要以为你是第一个苍蝇就没事，一会儿就嗡嗡的一堆了，所以你的问题是明年这块肉就不是你的了，所以要像一个校长一样，不断地要布置新的科研课题，不断布置新课程，不断地学习新的东西。所以这就是选合适的人，但是人来了以后，你不能靠把这个人老化，你要让这个人不断地学习新知识。

心态和风险都需要管理的，第一要有认识，第二要有决断，第三要有管理

我记得以前我大概七八年以前特别会掉头发，非常纠结，当然越纠结掉的越快，那个时候什么治头发的，章光 101 什么的，好多都用。有一天一个中医名医专门治掉头发，他先跟我判断一下说你头发掉定了，除非你放松一

点儿别想那么多事，我说不行，我干的工作，不想事就没事了（笑）。我说没事了就是没人找我事了，后来我就说在我面前摆着两条路，第一条路，一头秀发没事了；还一条路就是有事，事很多，没头发了。事很多就没头发了，头发很好就没事了，你要哪一个，这是一个选择，男人现在通常的选择会是男人还是要有事业，头发没那么重要。想清楚这个问题以后，我的心态就搞清楚了，没头发是我的一个选择。另外还有一个，虽然没头发，我把它理光了，那个时候眼不见心净，心态就更平衡了，所以 2004 年把头发一次性理完了，以后我就是 30 天老看不见，以后就算它掉也看不见，心态就非常好，这表明什么，心态和风险都需要管理的（笑）。

第一要有认识，第二要有决断，第三要有管理。但我们干管理的这些人什么都想去管理，什么都想弄出个道道来，然后再把它弄个方案解决一下。吃饭，一看这个饭来得慢了，今天到底是流程出了问题，还是他们的服务质量出了问题，你要琢磨这个事，他跟职业病一样，他看一个东西，他总从广义的角度看。

企业家

记者：您如何解读咨询这个行业？

袁岳：企业家这个词本身实际上是带有不断地去探索，然后在新的东西里面、一个不确定的东西里面，当你对它的确定性增加了，把它掌握了，它就变成你的一部分。当这个东西不确定又继续增加了，你都控制不住它了，它就变成其他人的价值。所以这个企业家总是有一个不确定性，而且这个客户也是不确定的，他总是你能掌控就变成你的，你不能掌控就变成人家的，正因为这样，对一个企业家来说危机感、创新，就构成他生活基本的特点。区别在于有一些企业家整天在做那个事，但是他说不出来，当然还有一些人，比如说管理学的老师他整天讲，但是他没做过，他看人家做的。所以我们干

中国创业者
采访本
Chinese
Entrepreneurs
Interview
Book

知识服务型的企业有一个好处就是他干，他琢磨，他琢磨出来以后说给人家听，人家明白以后，人家请你来帮他，这就是为什么很大的企业，他自己搞那个事，他为什么自己搞不明白，他还请你去帮他搞呢，就因为他身在其中，他整天默默的在那儿搞，搞的时间长了以后，他就只会搞，他头晕了，他也不知道为什么要这样，他就整天这个动作，习惯性的在那儿做，时间长了以后，他在习惯性的动作和习惯性的意识里面，他就跳不出来了。这个时候你去的时候帮他做一个分析，进一步梳理。这就是为什么很多人不能做自己的大夫，一个妈妈自己养了小孩，她就不知道怎么管这个小孩，为什么，因为是你的小孩，如果你没有养他，你看人家的小孩的时候，你发现你主意大得很，你意见还多得很，这就是在今天随着市场变动越来越多，上规模的企业越来越多，这种知识服务的需要也会越来越多，整个市场的空间也会越来越多。这就是为什么在美国大学生的就业选择里面，选咨询公司的很多，为什么呢？因为在大学里面看这个市场看不清楚，如果你去咨询公司，因为咨询公司是为很多公司服务的，你干了两年之后，你就大概知道哪些公司好，哪些公司不好，好在什么地方，你都很清楚，因为基本上他把很多企业给解剖了。你做了咨询的工作，你再去选一个岗位，你就知道选什么行当，选哪几个企业干的最好。

所以从这个角度讲，咨询有两个意义，第一个就是他作为一个独立的服务机构，能提供更加清晰专业的知识性的支持。另外作为一个人才来说，他是一个非常适合培养人才成长，把脑子不太清楚的人才变成脑子比较清楚的人才的一个过程。所以在大学里面你学完了四年，或者你读完了研究生，一直到博士，你都不知道你适合干什么，结果你在咨询公司干两年，大概就知道，我适合干什么了。一个是面对，对面的就是你真正要去的地方，跳水的时候那个水，大学里面面对的其实不是这个，大学里面面对的是考试，有一根杆，跨栏一样的，为什么跨这个栏，跨这个栏管什么用，事实上有一个行业叫跨栏行业，但是为什么是这个游戏你一定要跨栏，这就是今天我们这样一个行业，在这个社会中你不仅仅扮演一个直接帮助经济的作用，它同时起了很重要的辅助帮助教育，辅助帮助其他很多的相关的工作岗位的作用。

记者：什么样的专业更适合做咨询？

袁岳：传媒大学有一个新闻学院，下面有一个广告统计研究所，他们的专业就跟我们比较接近，实际上有很多的专业方法，传媒大学那个学院也用得蛮多的，他们的学生在应用方法上掌握的不错，所以干起活来也相当的不错。

人最容易的是选择

记者：其实人最难的就是选择。

袁岳：其实最容易的也是选择。

记者：怎么去理解？

袁岳：最容易选择的是什么，你要选择的早，我们之所以难的原因是选择的太晚，在你小的时候，爸妈不用你选择，他早帮你选完了，以后你没有选择的能力，也没有选择的习惯，像我们80前的人我们从小就在选择，大学的时候，我的主意大得很，选完之后，我爸要对我发表意见，我说你别整这么远，我说这个忠孝不能两全，我想的都是国家大事，你想的全是你的事，你这属于孝的问题，我这个属于忠的问题，我爸爸明白我的道理，那好吧，你爱咋的咋的。我今天在路上写了篇文章叫《妈我》，现在有一种现象是我妈拉我考公务员，看起来形体是你的，里面是你妈的，所以这就叫"妈我"，这个现象其实在心理学中间是蛮独特的，独生子女之后才充分发展起来。

记者：这种现象还是很普遍的。

袁岳：我们社会学里面有社会心理学，特别像刚才我说"妈我"实际上是在人际互动中间形成的一种现象，不是在普通情况下形成的，正常的多数情况下，人们的互动都比较有节制，一个人格侵占另外一个人格的机会比较少。

记者：企业家不是有时候也在侵占另外一群人的人格吗？（笑）

袁岳：企业家的一个特点是，对一个事情要有判断，这个判断要有理由，这个理由要有依据，它是一个链条。咨询最大的特点是把一个世界给予解释，然后形成自圆其说。任何一个东西都是自圆其说，我们普通人的特点就是一个事，随便说了一句话，不管您听懂没听懂。比如我们说这个人真好，你从来没有想到你说的好是什么意思，要我听完之后我就会问你，你说的好是什么意思，你就没有想过好人吧，你就没有想过你说的好人是老好人的好人，还是他干过什么好事？还是他对你干过什么好事。等到你说完之后，我才明白，过去我说要借钱，他不借给我，我就知道你说的是什么意思。普通人说完之后，没有人问你他到底好在哪里，但是咨询专家就会问这个问题，他要把这个问题的性质加以确定。

记者：把最根本的东西给抛出来。

袁岳：男朋友女朋友，你别看谈恋爱，大部分人是谈爱，少部分人是谈好。原因在于什么，你们谈的过程里面充满了这种不确定的东西，以后甚至认为你对我有过承诺，可我这叫承诺吗？我这不是承诺。但是如果一开始的时候你就用咨询的方法，你就知道你那个话说的什么意思，就比较清楚，这就是我们大部分的人生是建立在误解和假定之上，不是建立在真实的确切的承诺之上的，公司也是这样，各个环节也是这样，为什么会扯皮，就是因为当初你规定的时候没有规定到具体的那个点上，假定我说的这个话大家都应该明白，其实不是，我们平时说的话70%的话彼此是不明白的，这个词的定义甚至我自己都没有定义。彼此都认为你说好人，我说好人，是同一个好人，根本不是，我们10个人说的好人可能是20个意思。

面孔二 | 项 兵

语 录：

我觉得我们应该学会他们的这种思维方式，一种超越的思维方式，不是简单地把西方的东西用到我们中国，而是要实现一些新的突破，这就是我说的从月球看地球事业，当然与之相配的一些境界的超越也很重要，胸怀也要更宽广一些。

在全球化的今天，视野和思维的超越可能会给中国企业提供更广阔的空间，这是我们学着需要探讨的问题，也是作为学者的责任。邓小平先生说让一部分先富起来，先富带动后富，所以说中国要真正成为强国，我们必须出一批伟大的商业机构，这个比科技还要重要。

项兵
现任长江商学院教授及创办院长

创业者档案

项兵现任长江商学院创办院长及教授。在此之前，项兵主持创办了北大光华管理学院的 EMBA 项目并担任该学院的会计学教授，他还曾任教于香港科技大学。此外，项兵担任多家美国、香港和中国内地上市公司的独立董事，他也是国际联合劝募协会（United Way Worldwide）和亚洲之家（英国）的董事会成员。项兵近年来一直积极倡导以"站在月球看地球"的全球视野，分析中国经济和国内企业所面临的机遇与挑战，并以其原创的"取势、明道、优术"思维方式，为中国企业应对全球化挑战提出了一系列颠覆性的、前瞻性的理念和思路。

经典语录

我觉得我们应该学会他们的这种思维方式，一种超越的思维方式，不是简单地把西方的东西用到我们中国，而是要实现一些新的突破，这就是我说的"从月球看地球"，当然与之相配的一些境界的超越也很重要，胸怀也要更宽广一些。

在全球化的今天,视野和思维的超越可能给中国企业提供更广阔的空间,这是我们需要探讨的问题,也是作为学者的责任。邓小平先生说"让一部分人先富起来",先富带动后富。中国要真正成为强国,必须出一批伟大的商业机构,这比科技还要重要。

因长江而动

——对话长江商学院创办院长

项 兵 教授

平和的心态，开拓的视野

记者：项教授您好，非常高兴您接受我们的采访，很多人说您既是学者，又是思想者，同时也是"创业者"，对这三个称呼您觉得哪个更适合自己？

项兵：我最主要的职责还是学者，研究企业管理及其全球治理、颠覆式创新等问题占了我绝大部分时间。作为长江商学院院长，要兼顾一些行政工作，所以学院的具体管理也花了我一部分时间。我一直在教育机构工作，最重要的是做学者，做好学术研究，并同时把长江商学院的行政工作做好。

记者：为什么叫长江商学院呢？

项兵：第一，长江是我们中国文化的一个代表，第二，李嘉诚先生还有一个长江实业，所以一箭多雕。长江象征着中国，把长江商学院推向全球，成为全世界最伟大的商学院之一，这个过程也是弘扬我们中国传统文化的过程，我觉得这样非常好，长江不择细流，故能浩荡万里！

记者：您认为在现在的商业社会中，企业家或管理者保持什么样的心态和具备何种视野，会对事业的发展起到更积极的作用？

项兵：长江商学院搭建的全球性学习和互动平台上汇聚了来自全球的企业家、学者，以及政界精英。他们相互学习，相互交流，并要学会向全世界学习。如果一个人什么时候觉得自己很厉害，不需要向别人学习，这就是走向失败的开始，所以说平和的心态是非常重要的。

我第一次到印度时，看到首都新德里是座像"森林"一样的城市，我就想为什么这个城市能做得到呢？我们都知道印度也是一个发展中的人口大国，相对中国也比较贫穷。新德里为什么不大搞房地产业，印度人是如何"憋得住"？这一片森林如果全部建成房地产项目，它的潜在利益是非常大的，能够抵挡住这种利益的诱惑也是非常有难度的。

我第一次到访俄罗斯时观察到，与中国相比，俄罗斯人的生活节奏很缓慢。中国人认为"时间就是金钱"，俄罗斯人好像认为时间是无穷无尽的；我们的商业气氛浓厚，他们没有太多的商业气氛。我觉得俄罗斯之所以能涌现出伟大的芭蕾舞演员和那么多优秀的科学家、文学家，与他们商业的匮乏或许是有关系的。商业匮乏，时间就是无穷无尽的，做事非常慢，但又非常用心，这或许是成就一批各行各业领跑者的一个先决条件。拥有开阔的视野，平和的心态，永远准备好向全世界所有人学习，你会发现有N多东西值得学习和借鉴，这样的心态很重要。

记者：刚刚说了平和的心态，那在管理领域里面怎么理解？

项兵：我认为管理上的有些东西是异曲同工的。我观察中国的企业相对比较多，比如说我们做生意的主要目的就是为了赚钱，我们追求财富的这种激情很少有其他民族可以相提并论，我们在这方面是出类拔萃的，但同时也会产生一些问题。

如果我们做生意的目的仅仅是为了追逐财富，那少数企业家就可能不择手段，巧取豪夺。而且很多时候我们的企业家缺乏感恩的心态。即使赚了100亿，可能仍会觉得政策还不够好，如果政策能更好一些，社会各种条件改进一些，就能赚到200亿、300亿、400亿，这样一想的话好像社会又欠了他们100亿、200亿、300亿。如果持这种心态的人比较多的话，不利于我们构建和谐社会。这种心态的差别，是值得我们研究管理的人去关注的，因为它对管理确实有重大的影响。如果我们做生意仅仅是为了赚钱，就会出现比较偏激、极端的手段，比如牛奶行业出现的食品安全问题。这些都是需要我们去关注，去反思的。

长江商学院提倡将人文方面的一系列思考与中国企业全球化、打造伟大商业机构等问题结合在一起，提出了将经济和企业发展的"硬实力"与文化、文明等"软实力"结合起来的重大课题。要赢得世界的认同和尊重，就要在整个社会层面处理好财富的创造、使用与循环问题。长江培养的商业领袖，一定是富有社会责任感与人文关怀的。

思维和视野的超越

记者：您有逆向思维"洗脑教授"这个称呼，您怎么看待这个称呼？

项兵：我觉得我不是一个逆向思维的人，只不过在这些年里，我"鼓吹"了一些新的思维方式，像我过去提出的一些术语现在仍在业界广泛传播，比如说"从月球看地球"，"链条对链条的竞争"，"以全球应对全球"，"以强制强"，"取势、明道、优术"，这已经成为N多企业家的口头禅了。

为什么要提出这一套新的理念、新的思维方式呢？主要是考虑到从1840年鸦片战争以来，我们国人考虑问题多多少少倾向于从下往上看，这种思维方式对我们的限制还是很大的。在国人眼中，西方的理念高高在上，比如美国汽车做不过日本，但是美国有其他国家都没有的创新，从微软到芭比娃娃，到星巴克，到 Google，再到 Facebook。我觉得我们应该学会他们这种思维方式，一种超越的思维方式，不是简单地把西方的东西用到我们中国，而是要实现一些新的突破，这就是我说的从月球看地球的视野，当然与之相配的一些境界的超越也很重要，胸怀也要更宽广一些。

在全球化的今天，视野和思维的超越可能给中国企业提供更广阔的空间，这是我们需要探讨的问题，也是作为学者的责任。邓小平先生说"让一部分先富起来"，先富带动后富。中国要真正成为强国，必须出一批伟大的商业机构，这比科技还要重要。

用梦想、专注度构建一批伟大的商业机构

记者：这种商业机构怎么样才能做大做强，做成世界级的？

项兵：至少需要一批能够驾驭全球营运企业的高级管理团队，在这方面我们相对比较匮缺，尤其和印度相比，我们还是有差距的。中国必须诞生一批充满人文关怀和具备"大风流"创新能力的伟大商业机构，这是中国实现大国崛起、社会和谐的必要条件。在《财富》世界500强排行榜上中国内地已有85家企业上榜了，但是到目前为止，这些企业还没有征服过世界，我们顶多算是个"全运会冠军"，虽然规模大了，但是从真正业务范围来说，我们还没有征服过欧美等主流市场。

记者：怎么理解？

项兵：这些企业的商业范围仍然局限于中国本土，他们在国内市场做的非常之优秀，有很多独特的优势，包括市场准入、政策的倾斜等。对于大多数中国服务型企业而言，庞大的国内市场将有助于它们建立起较具规模的公司市值，从而成为升级为世界级企业的一个重要杠杆。但从"全运会冠军"到"奥运会冠军"还有很长的路要走。

另外，要成就一批伟大的商业机构，还需要有做生意的梦想，比如沃尔玛回忆当年创办沃尔玛的时候，从来就没有想到自己会成为全世界最富有的人之一，做梦都没有想到，他们创办沃尔玛就是为了给社会解决问题，"一不小心"成了富商，而不是把财富的创造作为首要考虑条件。如果你把追求财富当做唯一目标的话，那么就是狭隘的，很难实现超越，加上传统家族文化对我们的烙印很深，所以我们更难超越。我觉得比尔·盖茨等一批企业家的伟大之处不仅仅在于他们把那么多财富捐给了慈善和公益事业，同样重要的是他们并没有把企业中很多重要的岗位留给自己的儿子和女儿，所以，企业的整个资源是天下的资源，类似"皇马"和"曼联"这样的国际球队"集天下英才为我所用"的打法，这个是我认为是重要的超越之一。

我写过一篇关于日本的文章。和日本相比，我们的创业者精力充沛，但是专注度不够。日本员工上上下下、世世代代都专注，我们 EMBA 的同学参观了一个丰田的配件厂，里面有些员工祖孙几代人就给丰田做配件，精益求精，没有任何其他的梦想。我去过日本京都一个最好的日餐厅，他们现在已经传承到第九代了，九代人世世代代的梦想就是做出全日本最好的日餐。

记者：怎样的餐厅？

项兵：大家公认为它是日本最好的餐厅，它的梦想不是说因为大家认为我是全日本最好的餐厅，所以要在京都开出第二家，在东京开出第 N 家，在大阪开出第 M 家，然后成为新一代的麦当劳、肯德基。他们的梦想不是成为麦当劳、肯德基，也不是成为全日本最富有的人之一，他们的梦想是经过一代一代不断的专注、创新，做出全日本最好的日餐。这种梦想的不一样也导致了管理的不一样。因为日本人世世代代精细、专注，所以他们成就了一批顶天立地的企业。我们相对就比较"花心"一些，虽然创业能力十足，但是专注度不够，所以我们这一代在精细制造上和日本的差距比较大，但是我看到比我年轻的这一代也是有改进的，这就是中日中小企业合作的逻辑之所在。不可能所有最优秀的资源都是咱们国家拥有的，不可能所有像罗纳尔多、齐达内这样的"顶级选手"都出自我们中国。

长江商学院的理念——颠覆式的创新

记者：长江商学院里不可以培养一批中国的罗纳尔多、齐达内么？

项兵：我们给学生带来最重要的理念就是，如果我们"从月球看地球"的话，全世界都是你的，它时刻提醒我们要以俯视视角来实现对传统仰视的补充与超越，把发展视野从中国拓展到全球。

任何一个国家不可能在所有方面都是最优秀的，从全球的管理能力做一个小小的观察来看，复杂的制造是日本、德国的天下，"大风流"的设计是法国和意大利的天下，而我们比较擅长的是简单的组装。下一步怎么办？现在有些行业、有些公司具备了颠覆的能力，所以我们就通过一些新的办法来实现中国企业在主流行业的突破，我们认为这是有可能的，我们也做了很多的思考，和很多企业合作做了研究，进行了大量的投入。当然，有些行业我们自己能驾驭得了，驾驭不了的我们可以通过参股等多种形式来参与，不一定所有的东西都要我们自己去管理。阿布扎比的基金成为奔驰最大的单一股东就是可借鉴、可参考的例子之一。我作为你最大的单一股东，并没有跑到德国告诉你德国人怎么做汽车，怎么卖汽车，而是实现全球资源为我所用——

我拥有你 10% 的股权，你挣了 100 亿，10 亿就是我的。

未来规划——全世界尊重的教育机构

记者：长江商学院创办至今有哪些理念值得我们去学习和借鉴？

项兵：政府提供了宽松的办学空间，李嘉诚基金会的大力支持，又借力中国崛起之势，长江商学院的创办可谓"天时地利人和"。这些使我们凭借差异化战略和一系列具有原创性和颠覆性的"大风流"创新，成功地打造了一个源自中国的、在全球管理教育界与商界具有重大影响力的高端管理教育品牌。

我们是个新的学校，所以必须有些颠覆性的创新。学校的战略理念也是我说的"从月球看地球"——以广阔的视野寻找一些颠覆性的路径。所以，从我本人来讲，我希望我们长江商学院在全球的管理教育成为像谷歌和Facebook 这样的创新型企业，就是崭新的一代。只有这样，我们才有可能不断发展，不断前进。市场竞争如同奥运会，冠军大奖是兵家必争之地。在管理教育这个主流行业，现有的顶尖商学院不会放弃他们的市场份额。所以，我们面临的挑战是相当大的。没有颠覆式的创新，生存发展难度就很大。

长江商学院创建之初，即致力于全球思维的弘扬。现在中国已成为全球第二大经济体，如果仍然以中国的视野讨论中国的问题，我们很难得到全世界同行的尊重和敬意。只有在全球视野下考虑人类的共同挑战，中国企业才能获取更大的发展空间。所有"长江学人"任重道远。

记者：那么这些年来您对于长江商学院的发展有哪些变革和推进？您能谈谈长江商学院未来的发展规划和目标吗？

项兵：我们做了很多的思考。比如说现在美国、欧洲的那些非常优秀的商学院，它们的优势是什么，它们的劣势是什么；再往前看五年、十年，未来"制高点"在什么地方？

如果我们把制胜未来的制高点率先拿下的话，我们就有可能后发制人，占据一定的先机。

因此，我们要继续借助中国崛起的大势，整合全球的教育资源，由商业管理延展至社会管理；在东亚"10+3"、金砖国家的相关研究领域，确立起长江学术平台的全球权威性；聚集更多世界级教授，产生更多原创性的学术成果，使长江无可置疑地跻身全球最具影响力商学院的行列。

"建设性创新"也将是长江崛起所依托的根基之一。美国的学校，它的主要特点就是研究现代企业，比如 IBM、GE，即现代企业如何在美国这样的发达市场进行竞争和合作，在这些领域它们经过这么多年的研究也沉淀了很多。我们与这些全球顶级学术机构结成互利互惠的合作同盟，西方院校在研究美国的现代制度下的企业或许更为深刻，长江则熟悉民营与国有企业在"金砖国家"等东亚及新兴经济体的竞争与合作，彼此优势互补，相互协作，可以更好地服务于全球企业。

未来十年，长江将会更加重视"道"的研究，致力于弘扬中国先哲优秀的哲学思想。长江商学院位于伦敦、纽约的海外办事处已经启动，未来将真正开启东西方双向交流的大门，东西方在管理思想与实践领域相互学习，实现互动、互惠和互赢，证明源自东方的智慧完全可与西方文明进行平等对话，并成为全球新的普世价值的一部分。通过加强全球商界与商界、商界与社会的对接，消除误解，化解冲突，为中国、为全世界的和谐贡献正能量。

或许，宏大的使命并非一代人能够完成，但是，长江理想主义的薪火应该代代相承。我坚信，终有一天，所有光荣与梦想都会到达，长江商学院可与西方的哈佛、斯坦福并驾齐驱，成为一家世所公认的伟大的教育机构。未来十年，只有心怀更伟大的梦想，长江才会有更大的作为。

长江商学院项兵博士的管理新视野、新思维和新对策

在中国商业思想界，长江商学院创办院长项兵博士可谓独树一帜。他是最早研究中国企业应对全球化的学者之一，积极倡导通过整合全球资源的方式打造中国的伟大商业机构。过去十年围绕于此，项兵博士提出了一系列原创性、颠覆式管理思想，包括"取势、明道、优术"、"新洋务战略"、"链条对链条的竞争"、"以全球应对全球"、"中国三代企业家"、"新发展模式与新商业文明"和"新一代政企关系"等等。

项兵的论点与长江商学院的办学与创新风格异常相似：具有全球视野与前瞻性，论断乍看剑走偏锋，明快果断，总与当下流行观念有所不同；但他的论述却绵密稳妥，切中要害但并不好高骛远。因其前瞻性，并非所有企业家当下都能理所当然地接受他的观点，但其鲜明且直接的论述，却或深或浅地冲击着每个闻者的原有观念与思维方式。因为如此，项兵或许并不是长江商学院授课最多的教授，但却影响着每一位长江学员及更多难以历数的中外企业家、学界、政界及媒体人士。在听者中，项兵的理论观点常被描述为"开天窗式"、"颠覆式"甚至具有一定的"革命性"，他因此也被业界称之为"洗脑教授"。他的这些观察、观点和管理思想构成了长江商学院在管理新视野、新思维与新对策方面的思想库的一个重要组成部分。他的许多"开天窗式"的观点与思维潜移默化影响了中国企业家群体及中国企业的全球化战略。

纵观项兵博士履职长江的十二年，他所关注的问题不断深入、升级和嬗变，然而他的核心观念却异常坚固；他用分析、对比、侧描、比喻、质疑甚

至直截了当的棒喝，点醒着中国企业家和他们固化的传统观念。事实上，项兵商业观察的一个重要特点是，每个观点将问题引至原点：中国必须出一批世界级企业，才可以立足世界强国之林，实现真正的复兴。同时，中国的崛起必须在"道"的层面重构价值观，致力于推动和谐社会发展与包容性增长。

上篇：全球化视野下的中国企业

在经济全球化的今天，在竞争对手已经实现了从跨国公司到"全球资源整合型"企业转变的时代，中国企业应该摆脱"以中国应对全球"的传统思维束缚，借"以全球应对全球"的新思维来更好地整合全球资源，打造一批可以征战全球、在主流行业与主流市场成为主导与中间力量的伟大商业机构。

—— 项兵

全球视野下的商业观察

1993 年开始，项兵经常回到国内授课讲学，先后任教于香港科技大学、中欧工商管理学院和北京大学光华管理学院。他很重视考察、学习与研究国内发展情况，近距离观察和接触了诸多的中国企业，开始系统思考中国企业的管理能力提升与参与全球化竞争等问题。那段时期，项兵在中外企业之间做了大量的比较研究，对国内企业的运营管理水平、战略管理能力、公司治理等方面有了较为深刻的认知，发表了多篇有影响力的文章，提出了"管理四段论"、"企业制度的划分"、"国有企业为超现代企业制度"和"管理的马步"等，这些文章的观点对管理实践产生了深远的影响。

例如，1996 年项兵在《改革》杂志发表题为《管理腐败与公司治理》的文章，提出了企业制度划分的标准和"国有企业是超现代企业制度"的观点。项兵指出，现代企业制度的核心特征是所有权和经营权分离。按照这个标准，当时国内的国有企业在这方面做到了极致——国有企业核心管理团队一股不持。故此，项兵将国有企业称之为"超现代企业制度"。同时他指出，由于缺乏缺乏成熟独立的法律制度体系与充分的信息披露机制，现代企业制度在充分竞争市场机制下很难生存这是多数国家和地区家族企业占主导地位的体制与环境因素，而"超现代企业制度"的国有企业的生存力是最为脆弱的。实际上，我们也可以观察到，在市场准入放开（向民营企业与外资充分开放的）和充分竞争的行业中，国有企业几乎全部消失了，这与项兵的判断基本吻合。在课堂上，项兵常用超现代企业制度的论点点醒中国企业：忽视本国国情和自身发展水平，盲目套用所谓的西方发达国家的管理制度和模式，形备而实不致，可能会导致"术"与"道"分离，这种邯郸学步的做法或许会不利于中国经济发展和企业竞争力的提升。

1999 年，项兵在《环球管理》杂志发表题为《管理的"马步"与一指禅》的文章，探讨了国内企业基础管理设施较弱的问题。他用"一指禅"隐喻部分中国企业不重视苦心练就管理基本功而一味追求"独门绝技"的片面做法。"要成就伟大商业机构，首先要扎好'马步'"。项兵指出，"多数国内企业的管理决策由于缺乏有效合理的决策支持系统与量化分析，主要的战略与短期经营决策主要是靠'一把手'为代表的团队拍脑袋来决定。很多本土企业甚至连年度财务预算都做不到位，类似于此的企业管理'雷达'不存在或者不够先进的情况在国内企业中普遍存在。可以说，管理基础设施不到位是国内企业的一个共同弱点，这也是许多企业的'一把手'难以从"救火队长"的身份解放出来的一个重要原因。这个弱点也是妨碍国内企业进一步发展应对全球化竞争的一个重大障碍。"

项兵认为，不注重提升企业内在管理基础设施的情况下，照搬一些被炒得很热的管理模式和理念，很难真正提高企业的竞争力，反而容易造成"形备而实不至"，其结果必然是"欲速则不达"。项兵也意识到，依靠国内企业自身努力逐步提升管理能力是一条漫长且艰难的道路，"但这并不意味着内功一定要以独立自主的方式才可能练就。"项兵指出，"管理学具有很强开放性，向他人学习是必要的，关键是如何消化，即如何实现管理整合。其核心是要跳出自我的圈子，要以更高的战略视野和创新思维去分析他人之长和彼之短，只有这样才能做到术道结合，形成可持续增长的条件和基础。"

将苦练内功与借力发力有机结合，这是项兵思维方式的一个重要特点。按照他的解释，"这是一种哲学思维。我们要清楚自身的能力所在，才能见招拆招从而立于不败之地。"项兵指出，中国企业参与全球化竞争的有效路径是，在苦练内功、提升管理水平的同时，重视通过资源整合的方式弥补自身短板，从而实现跨越式发展。

1997 年金融风暴席卷亚洲，项兵看到了一个中国可以整合东南亚资源的战略机会。1998 年 2 月，项兵在《证券市场导报》发表题为《亚洲金融风暴的再思考》的文章，他从游戏规则角度阐释了全球化竞争本质和中国企业可以选择的战略定位。项兵分析指出，亚洲金融风暴既给中国带来了挑战，也带来了重大机会。中国可以考虑有选择地收购或者参股东南亚国家的大型资源性企业和素质较好的金融机构（如商业银行）。既可以减少中国在出口上的竞争，也为中国企业将来扩展东南亚国家的贸易和进入这些国家和地区的市场竞争打下良好的基础。

多年以后，项兵一直为中国企业错失亚洲金融风暴期间的资源整合良机而遗憾。"如果当时我们能够从更高的视野，从战略的角度思考这一问题，我们也不必在今天世界能源价格高企的时候满世界找能源。而再看看近邻韩国，如果在东南亚金融危机之时国内企业持股三星、现代等公司，我们在电子、汽车等产业又可以快速进步多少年呢？应该说，中国企业家们可能失去了一个难逢的时机。"

以强制强和以"九段"制"九段"

20世纪90年代，美国新经济浪潮形成的技术革新与中国深化改革开放等因素加速推动了全球经济一体化，这迫使跨国公司主动变革以适应新的全球化竞争。2000年之际，项兵深刻意识到中国企业如何应对全球化竞争已是十分迫切的一个重大研究课题。在跨国公司积极转型为全球型公司之际，如果中国企业仍然沿用出口导向、"以我为主"等传统发展思路与模式，未来就有可能因全球化竞争而被边缘化。

如果说20世纪90年代的项兵是一个以全球视野思考中国企业发展的学者，那么自2002年成为长江商学院的创办院长起，项兵则成为中国企业整合全球资源以应对全球化的一个重要推动者和实践者。一方面，通过长江商学院的教育平台，致力于为中国培养具有全球视野的商业领袖和优秀企业管理者。另一方面，项兵开始深入研究全球化竞争发展趋势，寻找中国企业应对全球化之道。他不断延展自身的研究范围，成为相关领域内颇有影响力的学者之一。其中，最具影响力且奠定了项兵在全球化竞争领域内最具影响力的观点或许是他于2004年提出的"新洋务战略"。

总体看，"新洋务战略"是全球化竞争格局、发展趋势及世界级企业（"九段"企业的定位）划分的分析框架，包括三个层面的内容：第一，以全球视野对世界产业格局与发展大势做出了系统阐述。项兵指出，经济强国和世界一流企业都拥有自己在管理上的"镇山之宝"，这是强国参与全球化竞争的一个核心资本与能力。第二，在全球视野下分析中国顶尖企业所面临的全球化机遇与挑战，提出了"三块板"等概念。第三，提出问鼎世界级企业路在何方的问题，并以新的思维角度正式提出了"新洋务战略"。

当 2004 年 4 月《21 世纪经济报道》发表了项兵的《新洋务战略：打造世界级企业的新思维》文章后，立刻在理论界和商界产生了激烈的争论。持不同意见者认为，与跨国公司相比，中国企业的实力差距明显，又匮乏海外运作经验，海外并购后蕴藏着巨大的整合风险。恰在这一时期，TCL、联想等中国企业的海外并购实践为"新洋务战略"提供了很好的例证，而当 TCL 因并购汤姆逊出现巨额亏损时，海外并购成为了一个十分敏感的话题，"新洋务战略"成为众议的焦点。业界忧虑，海外并购可行么？中国企业依靠什么完成并购整合？

项兵似乎不为异议所左右，他在各种场合阐述"新洋务战略"时强调要从视野和思维方式、战略、战术三个层面来理解"新洋务战略"，提出要特别重视提升全球视野并彻底变革传统的思维方式，只有这样才能真正"取"全球化大"势"，"明"资源整合之"道"，最终将市场换股权作为提升中国企业全球竞争力的一种"术"来看待。如果纠缠于海外并购本身能否成功而忽视全球化竞争本质的变化，或许是本末倒置的理解。

项兵进一步解释说，三个围棋一段棋手联手很难抵抗一个九段棋手，立志冲击世界一流的国内企业的上乘之策（可能是唯一出路）是借一个九段高手之力应对另一"九段"棋手。这一"以强制强"的思路将奠定国内企业在全球范围内合纵联合跻身于世界一流的基础。"新洋务战略"的核心思维是"以全球应对全球"的资源整合，整合的要点首先要在全球视野下定位各行各业的"九段"企业。在战术层面，中国企业要取势于自身的低成本制造与研发能力，并充分考虑中国在全球各行业中日益增强的市场影响力，寻找撬动世界的杠杆，实现"以强制强"和"以九段应对九段"。

链条对链条的竞争

"链条对链条的竞争"是"新洋务战略"体系中的一个重要组成部分。

项兵的全球视野，他所强调的"以强制强"，以市场换股权等思想都是建立在他的"链条观"基础之上的。项兵对这一问题的研究开始于20世纪90年代中后期，所关注的角度是全球产业分工和产业价值链分解。他认为，忽视链条对链条的竞争，中国企业将很难突破"世界工厂"的发展局限。

在《中国企业的新战略视野》一文中项兵博士指出，中国企业应改变对传统全球化竞争模式的认识，并对此形成一个新的理解。这可以从两个方面来认识：首先，竞争不再是单纯意义上企业之间的竞争，生产专业化已使企业竞争细化为产业间链条与链条的竞争，全球化使生产链条成为全球的而不仅仅是中国的。其次，市场也将不会再被传统地分成国内市场和国际市场，两者合二为一成为全球市场。在"从月球看地球"的视野下，全世界都是"我"的，没有国内国外之分，也没有"请进来、走出去"之分。否则，我们可能会显得"本位主义"，略显狭窄。

"中国企业就要有勇气承认自己不是在所有方面都是最优秀的。"项兵说，"在全球化的今天，对于竞争趋于全球化的产业，一个仅仅进行区域性（如华东地区）资源整合的企业与一个在全国范围内进行资源整合的企业是无法相提并论的。同样，一个能在国内范围整合资源的企业也很难与一个具有全球资源整合能力的企业相竞争。任何一个要保持世界级地位和想跻身于世界级的企业，必需具备全球资源整合能力。"

2004~2006年期间，为阐述说明"链条对链条的竞争"，项兵对国内钢铁、能源、有色金属、机械、金融等行业做了许多研究，在国内知名财经媒体发表了数篇影响力较大的文章，如《投资沃尔玛》、《天下足球与全球视野》、《参股德国大众》和《铁路提速，不必成"外资盛宴"》等。例如在《钢铁业：链条对链条的全球化竞争》文章中，项兵指出，无论是米塔尔钢铁，还是必和必拓，或是日本海运企业，尽管身处产业链不同环节，但围绕钢铁业的产业链价值转移而展开的竞争，已使全球钢铁行业进入了真正意义上的

"链条对链条"的全球化竞争时代。在新的竞争模式下，资本的快速流动打破了传统的价值边界，使行业竞争超越单纯的制造、运输或采矿。从"链条对链条的竞争"观点看，项兵强调成功应用"新洋务战略"的关键是要找到中国经济可以撬动世界的杠杆，这也是"以强制强"和"以九段应对九段"得以实现的战略资源保障。在当年，项兵曾在各种场合反复建言指出，中国巨大的市场与订单可能是国内企业实现跨越式发展的一个"杀手锏"。因此，政府和企业要从战略高度认识到这些订订单分配的重大历史意义。

具体看，中国有着广阔的市场，在若干领域拥有在全球市场中比重较大的巨额订单，如信息、航空、汽车、电信等产业。善用这些订单的威力，通过这个大蛋糕的配发，我们可以实现上游行业企业的重排座次，重塑这些领域的版图。同时，凭借中国巨大的市场对世界级企业的诱惑力和影响力，根据行业的具体情况，有选择地与部分世界九段高手联盟或兼并具有核心技术的企业，采取"拿来主义"，以市场换"大脑"而不是换技术，以市场换股权，迅速打造自己的"镇山之宝"，实现跨越式的发展。这是项兵利用他的两个新理念（以全球应对全球、链条对链条）而设计的可能适合中国企业的一套组合拳。

三代企业家之分

在 2004~2006 年间，项兵在多种场合阐述着自己的"新洋务战略"，并倡导中国企业要积极提升全球视野与转变思维方式。关于"新洋务战略"提出的中国企业全球资源整合路线及市场换股权策略，项兵进行了大量案例实证研究，包括联想、华为、TCL、上汽集团、秦川发展、百丽鞋业、安踏体育、中集集团、中国动向、携程网、腾讯、无锡尚德和江西赛维等三十余家国内企业以及银行、钢铁、电力设备、轨道交通等重点行业。

基于三年间的观察思考，2007 年 4 月，项兵在《中国企业家》杂志发表了题为《中国的三代企业家》的文章，对国内各类企业的发展阶段、管理现状、全球化机遇及战略定位等方面提出了全面的理论分析框架。可以说，"三代企业家"理论的提出既是"新洋务战略"在实践层面的延伸，同时也为各类企业参与全球化竞争提供了一个可以操作的战略定位工具。

"三代企业家"理论是依据企业性质与所在行业差别以及在此基础上形成的特定管理模式或商业模式，对中国企业进行的归类总结与研究，包括第一代的技工贸（制造业）、第二代的模式创新（服务业）和第三代的整合全球资源。其中，第一代企业又划分为主流、非主流和中间层。针对每一代和每一层的企业，项兵详尽阐述了其发展特点、管理特征和全球竞争力情况，并针对性地提出可行的参与全球资源整合的建议。

项兵充分肯定了第一代企业家对推动中国经济发展和改革开放的成功所做的努力。"他们依靠强大的个人魅力与勇气和'摸着石头过河'的精神带领企业走向市场化的过程，就是整个中国经济向市场化过渡的一个缩影。"项兵指出，"未来，第一代企业家面临如何实现在全球主流市场和主流行业实现突破的挑战，这是中国经济由大而强的必由之路。"

对于第二代企业家，项兵指出，与第一代相比这个群体的崛起对于中国经济与社会的发展，有着深刻的意义。服务业的进一步发展对于解决我国就业、激活消费、拉动内需有着非常直接的作用，也对"科技兴国"等传统经济与社会发展理念提出了挑战和超越。但项兵也指出，第二代企业家的思维意识虽然开放，其商业范围仍在局限于中国本土。对于大多数中国服务型企业而言，庞大的国内市场将有助于它们建立起较具规模的公司市值，这成为未来中国第二代企业通过和国外同行企业换股而成为世界级企业的一个重要杠杆。

项兵引述印度米塔尔钢铁的成功案例阐述了他对全球资源整合型企业的期待。他指出，米塔尔钢铁公司的成功印证了新兴市场国家的企业运用

"新洋务战略"具有巨大战略空间,可以在短时间内在主流行业实现全球颠覆从而诞生世界级公司。项兵相信,中国企业运用"新洋务战略"提出的全球视野和颠覆式新思维与新策略,亦有可能在全球主流行业打造出一批顶天立地的世界级企业。

新视野、新思维和新对策

从 2006 年起,"站在月球看地球"成为项兵的新口头禅,他希望借此形象描述深刻提醒中国社会各界以俯视视角来实现对传统仰视的补充与超越,把发展视野从中国拓展到全球。到 2008 年,项兵已经从"硬实力"和"软实力"两个层面和多个角度,系统阐述了其有关中国企业应对全球化的问题,提出了"新洋务战略"、"链条对链条的竞争"、"取势、明道、优术"、"中国三代企业家"等观点和市场换股权等具体战法。可以说,项兵已经搭建起一个有关中国企业全球化的较为完整的思想体系。然而在诸多问题探讨中,最令他担忧也是迫切需要解决的问题依然是视野与思维方式的问题。

2007 年底,美国次贷危机爆发后,项兵明确提出金融危机是个参股良机。按照"以全球应对全球"和"链条对链条的竞争"思维,项兵提出中国可考虑战略性选择几个主流行业,通过全面参股行业内领先的跨国公司,为中国的强国之路打下良好的战略基础。这个观点与项兵在十年前亚洲金融风暴时提出的并购思路如出一辙,但在当时却不为关注。项兵意识到,传统思维束缚和视野的本土化制约着中国企业参与全球资源整合。

2009 年 1 月,项兵撰文《视野与思维方式的创新》,从历史、哲学、文化和商业等多个层面,系统论述了老洋务思维方式对中国经济发展的束缚,以及"月球看地球"观点和"新洋务"思维方式的长期战略价值。项兵将"洋务运动"及其思维思想的发展和演变划分为三个阶段,并指出改革开放 30 年我们所采用的市场换技术和"请进来、走出去"等策略，从思维方式上讲与"洋务运动"思维相同。但在全球化时代，这种思维的局限性表现在：在思维上习惯于仰视，重视西方管理之术，过分强调"科技"的作用。相对忽视作为技术发展基础的企业制度建设，轻视价值和文化层面的对接，对人文价值不够重视，易产生"术"、"道"分离。在视野上过于局限于中国，过于强调自力更生和自主创新，匮乏全球观。

对于旧思维局限性的完整、系统性反思展示出项兵在"势、道、术"三个层面已经架构起一套有关中国企业应对全球化的思维框架。作为自身十余年潜心研究的结论及对中国企业的建言，项兵将此总结为新视野、新思维与新对策。

在新视野层面，项兵强调全球化的大趋势下，没有哪一个国家或民族可以称自己在所有方面都是最优秀的，任何国家与企业都难以一己之力应对全球化的挑战。如果我们继续采用"以中国应对全球"的策略，我们在诸多主流行业更可能走向边缘化。

在新思维层面，在月球看地球的俯视视野之下，应超越"中西之分"与"体用之争"的思维束缚，形成全球资源为我所用和"以全球应对全球"的发展思维。项兵提出中国企业要创造具有全球引领和颠覆意义的"大风流"创新，例如谷歌、脸谱公司、苹果等，着力打造一批伟大的商业机构，并将此与培养中产阶层、促进社会和谐及对外输出有利于世界发展的价值观等问题结合起来思考。

在新对策层面，项兵建言中国企业运用"链条对链条的竞争"、"以强制强"等战略手段构建起"你中有我，我中有你"的全球化竞争与合作的利益新格局。中国企业应善于利用本土市场的杠杆效应，重点是整合全球的顶级资源。

中篇："术道结合"与和谐社会思考

中国的伟大商业机构要超越家族和个人造富，为中国成为中产阶级占大多数的社会结构做出决定性贡献，同时，也为世界的繁荣与和谐做出应有的贡献，赢得世界发自内心的尊敬与尊重。届时，"中国价值"也可能成为全球新的普世价值的一个重要组成部分。

—— 项兵

心态问题

2007 年，随着房价与股价高涨，国内掀起了一股前所未有的投资热潮。项兵发现，自己在与很多国内企业家们交流时，大家的注意力都转移到房市和股市，少有提及本行业和企业自身的发展问题。2007 年 4 月，项兵在《经济观察报》撰文《宁静以致远》，表达了自己对国内日益凸显的功利主义的担忧。

他指出，过去二十多年，中国经济快速发展，物质财富极大丰富，但功利目标似乎在主导我们许多方面的发展。做研究是为了得诺贝尔奖，拍电影是为了奥斯卡，读书为了考试，办学为了排名，搞学术为了赚钱，经营企业目标是为了进 500 强……。从长计议，如果这种功利主义风气堆砌为一种文化，很有可能会对中国经济发展和社会进步带来潜在隐患，甚至可能削弱中国作为一个大国和平崛起的力量。在文中项兵建言道，"也许我们可以稍微慢下脚步，找回一些可以令内心宁静的东西，淡泊名利，超越做秀，超越"形备而实不至"的复制，以此推动中国社会做出一些可以撼动世界的'大风流'之事，是为真正的财富。"

事实上，在提出"新洋务战略"时，项兵就曾指出心态与视野和思维方式一样重要，是中国企业参与全球化竞争时必须做出的调整。经过多年传讲，项兵的全球视野和独特思维方式已渐入人心，但在他看来，心态是

中国创业者
采访本
Chinese
Entrepreneurs
Interview
Book

一个被长期忽视的问题，对中国经济与社会的未来发展构成了重大挑战。在项兵看来，心态问题不解决，中国很难诞生一批伟大的商业机构。可以说，心态问题或许是中国构建和谐社会的一个必要条件。

于是，在 2007~2009 年间，项兵又开始花费大量时间研究中国社会的发展心态问题，陆续发表了多篇文章论及于此。有意思的是，这些文章多用全球比较的方式，项兵希望以全球视野点醒国人。

2008 年 4 月，他在《第一财经日报》发表文章《"憋得住"的心态》，畅谈了自己第一次到访印度首都新德里的感受。项兵指出一个社会和城市在确定自己的发展模式时，要有一种精神、一种胸怀和一种心态。现实中，任何一代人都可能存在认识上的各种局限性，因此，那些我们这代人认为非常好的事物，未来若干年后可能并不特别好，甚至可能是不好的。项兵倡导说，我们在追求经济与社会发展的同时，需要在精神层面更多关注文化的传承，需要有一种为子孙后代留下来更多、更好发展空间的胸怀，需要一种"憋得住"的心态。2008 年 7 月，项兵将《财富》杂志"世界 500 强"与《福布斯》杂志"全球富豪榜"做了比较研究，在《经济观察报》撰文《伟大商业机构与造富》，他建言中国企业家们要超越造福，为打造伟大商业机构而努力奋斗。他指出，在全球经济一体化的今天，"世界 500 强"与"全球富豪榜"无形中具有了一定的内在联系。一个经济发达的国家应该拥有一批具有全球竞争力的伟大商业机构，而这些机构又能为社会创造更多的财富及较为富有的阶层。反观中国，中国经济发展产生了强大的"造富"功能。即使是在全世界，中国经济的"造富"能力也堪称一流。然而，在创造伟大商业机构方面，我们却远远落后甚至乏善可陈。文章中项兵建言，转型期的中国只有诞生一批具有全球竞争力的企业，在主流市场与主流行业能够"披荆斩棘"、整合全球资源为我所用的伟大商业机构，中国经济才能真正地由大变强，才可能为中国打造一个中产阶级占大多数的社会结构，而这是建立和谐社会的一个必要的经济基础。

2009 年 5 月，项兵撰文《不同的梦想》，探讨了梦想之于做事态度、方法、过程与结果的关系问题。他讲述了自己在日本京都一家拥有 260 多年历史的餐馆就餐经历后分析指出，自古以来，缺乏梦想很难成就一番大事业，自然也就很难出现一个伟大的商业机构。与日本企业家交流，项兵最大的感受是，做酱油的就想着酱油，做衣服的就想着衣服，精细再精细，专注再专注，创新再创新，几百年始终如一。日本商业社会所传承的专注的态度，成为实现一代代企业家商业梦想的坚定不移的价值观。这样，一代一代做下去，一点一滴累积，日本人得以在许多行业内成为全球一流，达到无人可及的水平，日本也因此诞生了一批伟大的企业。反观中国企业，我们的企业则显得比较"花心"，专注度不够、传承力不强。和而不同，弘扬不同的梦想，也是和谐社会的一个先决条件。

2009 年 7 月，项兵发表了题为《"花心"与专注》的文章，谈论了造福与打造伟大商业机构之间的关系。他指出，"花心"折射出中国社会浮躁的风气，企业缺乏专注和精益求精的精神，这可能会有碍于中国成就一批伟大的商业机构。员工过于"花心"，缺乏对本职工作的专注度，会增加企业的管理难度，这也是打造伟大商业机构的一个非常不利的因素。项兵认为，整个社会应关注并认真思考中国如何打造一批伟大的商业机构的问题，更有必要重新审视与反思一下我们的"花心"。这种思考可能需要跳出传统管理范畴之外，结合社会和文化精神的层面。我们有必要在社会导向上提倡"憋得住"的心态，提倡专注精神，做到"用心做事"。

在人文方面的一系列思考并将其与中国企业全球化、打造伟大商业机构等问题结合在一起，项兵事实上提出了将经济和企业发展的"硬实力"与文化、文明等"软实力"结合起来的重大课题，他认为"术道结合"是全球化时代强国的重要成就与特征。作为对这个研究课题的阶段性总结，项兵指出要实现"道"与"术"的有效结合与互动发展，赢得世界的真诚认同和真心尊重，就要在整个社会层面处理好财富的创造、使用与循环问题。

2009 年 9 月，项兵在《经济观察报》撰文指出，在创造财富方面，我们要超越"造富"，成就一批可以在主流行业和主流市场称雄的具有全球影响力的伟大商业机构。在财富使用与处置上，要富有责任感与人文关怀。项兵引述李嘉诚先生的话谈到，"富贵"两个字其实是分开的。真正的富贵，是你要懂得用你得来的金钱，尽应尽的义务；作为社会的一份子，我们有责任希望这个社会更好、更进步，更多的人得到关怀和帮助，这是做人的一个原则——"贵"是从你的行为而来。

下篇：新一代政企关系

项兵常言，自己的学习雷达时刻开启，掌握一套独特的观察与思考方法有助于提升对全球重大问题的深刻认知。而这，可能是在全球化时代立足的一个必要能力。

2008 年以来，整个世界在动荡不宁中前行。最初，人们认定这是华尔街危机的后遗症，由经济的结构性问题引发的连锁反应。然而四年多过去了，世界经济未有明显好转，新的、更深刻的问题却接踵而至。伦敦骚乱与占领华尔街运动或许可以说明，英美这两个资本主义典范国家也面临着深刻的社会矛盾，那个被世界众多国家欣赏的所谓"美国模式"已日渐式微。在欧盟，欧债危机久拖未决折射出"福利社会模式"存在的挑战，也许并不是每一个国家都在全球化的今天可以负担起社会主义制度的高福利。在中东地区和部分伊斯兰国家，政权更迭的同时也宣告了阶层固化而禁锢创新的传统社会治理模式的结束。在拉美，"华盛顿共识"后遗症仍未消除，缩小贫富差距与实现经济独立稳定发展依然是个国家治理难题。在亚洲及其他经济快速增长的新兴市场，经济与社会发展模式的转型压力已经出现。

项兵意识到，当前世界经济问题的背后隐藏着更为深刻的制度性诱因，世界或许走到了一个发展模式转变的十字路口——不同国家面临多样、复杂的社会变革压力，各国发展模式及其制度安排都面临自我调整与全球化适应性问题。项兵认为，当今世界或许已进入到一个百花齐放、百家争鸣的发展时代，有关各种社会发展模式及其制度安排是一个十分值得研究的问题，而其核心是重构企业和政府的关系。

2011年初，项兵正式提出了"新一代政企关系"理论，这似乎预示着号称"洗脑教授"的项兵，已将观察和研究视角扩展到整个世界。按照他自己的看法，在适应全球重大转变的过程中，政策制定者和企业家需要善于从历史中吸取经验教训；要站在"月球上看地球"，以更高的视野把握发展的大脉搏，从而探索解决矛盾之道。

在文章《新一代政企关系》中，项兵首先分析了西方繁荣的成因与几个结构性矛盾。他指出，随着经济全球化与信息民主化所推动的社会变革，西方所代表的、具有"历史终结"意义的社会模式面临着空前的挑战。在中国，改革开放30多年的发展使中国成为全球最多元化的经济体之一。"如果我们想预见未来的管理与发展模式，中国的实践或多或少能提供一些线索。"项兵指出，"中国的问题在于，中国企业在打造伟大商业机构和培育中产阶级的实际效果甚微。在社会个体层面，现时中国无论是富有阶层还是普通群众，都需要弘扬发自内心的感恩之心和包容心态，公平、公正地看待社会发展。"

项兵指出构建新的政企关系已成为一个新的、具有重大意义的世界性发展议题，其基本框架思路是要有效遏制"政企共谋"，实现世界的包容性增长与和谐发展，来解决三百年一个循环的问题。他认为，"新一代政企关系"理念要点是：在政府方面，须建立一套有效制衡政府权力的机制，

中国创业者
采访本

Chinese
Entrepreneurs
Interview
Book

减少政府在资源配置中的作用，同时也要确保实现精英治国。为实现包容性增长，政府应更多关注民生，建立更为完善的福利制度，还要尽可能为打破阶层固化提供条件，使"中国梦"也成为可能。此外，如何在和谐社会中尽量给"大风流"创新留有足够的空间与可能，这可能是我们在未来都必须面对的大课题。在企业层面，要超越造富，需要更多地关注如何打造伟大的商业机构和培育中产阶层。

尾记

了解项兵的人都知道，他是一个充满激情的学者，对发现、分析和认知未来世界充满热情。长江商学院学员们的共同感受是，项兵教授的课堂总是充满乐趣，思维活跃但不失严谨。他的部分观点可能备受争议，但是他提出了这么多重大问题本身就是一个大的贡献。他的有关许多重大问题的差异化思维与颠覆式分析为他赢得了"洗脑教授"的称号；他看似天马行空般的言论，却暗含深刻的哲学至理。

项兵有一句口头禅，"面向未来整合全球资源，我们要团结一切可以团结的力量；打赢下一波仗才是硬道理，历史是一种沉没成本。"这句话可以用来概括他的思想体系和核心理论观点。项兵常常信念坚定地指出，中国必须诞生一批充满人文关怀和具备"大风流"创新能力的伟大商业机构，这是中国实现大国崛起、社会和谐的必要条件；若中国以这样的方式再崛起，中国传统文化中的"天人合一"的思想能够在全世界传播开来，必将有利促进中国乃至世界真正实现包容性增长。

"实现这个目标，是长江商学院的责任和价值所在。"项兵说，"我也希望，将长江商学院的理念和价值观在世界传播开来，推动东西方的平等双向交流与互信发展。"

面孔三 | 夏 华

语 录:

品牌只有好坏,没有国界。

依文就像一个女人,一个优雅的女人,一定就会有人喜欢。

在全世界开始向东方看的时候,我有理由做一个中国品牌,我们希望全世界开始倾听中国的声音。

在我的生命中,生活中每个环节都跟我的事业联系起来,能够给自己特别多用最好的方式去生活的理由。我很快乐,做这件事情几辈子都不会厌烦。

中国创业者
采访本

Chinese
Entrepreneurs
Interview
Book

夏华，依文集团董事长，中华全国青年联合会委员、中国企业家俱乐部理事、中国服装协会常务理事、北京职业装专业委员会主任。

创业者档案

毕业于中国政法大学。1991年毕业留校任教。在一次国务院科研调查中，感悟出中国男装领域的空白而毅然决然的辞职从事服装行业经营。2013年9月16日，参加江苏卫视与优米网主办的"赢在中国蓝天碧水间"节目，并任"碧水队"队长。

创业感言

在2013蛇年央视财经春晚《中国夜》上，夏华和王潮歌以及俞渝合演的独幕剧上，夏华讲述了自己辛酸的创业经历和对未来的希望：在今天以前，我觉得自己是个特别勇敢的人，从决定辞去大学里做老师，然后到开始自己决定做依文服装，我也只用了一个下午的时间，尽管是家人担心父母反对，但我还是勇者无畏。

在今天以前，我觉得自己是一个执著的人，没有什么可以阻挡自己的脚步。哪怕是我最心爱的女儿，抱着我泪流满面，不肯撒手，我也会给自己一个坚定的理由，告诉她"妈妈现在就得走！"

在今天以前，我觉得我自己是一个特别坚强的人，十八年，我和团队创建了5个中国的时装品牌。我连生病的理由都没给过自己，但是在今天，我却觉得自己，突然变得不再那么勇敢，父亲很少来电话，当我看到手机上父亲这个号码时，我都会心跳不止，担心会发生了什么。

在今天，我特别想认认真真地演好生命中的每个角色，也做一个好女儿，好母亲，在今天，我可以大胆的说，"我不再去出这个差，我不想开这个会。"因为我想抽点时间陪陪女儿，不再错过她的成长和爱的美好。

在今天，我特别想对身边生病的朋友说，安心休息吧，因为好好生活，善待自己，才是真正对生命的执著，在今天，我也想对所有跟我一起走过来的团队中的每一位说，今天我最大的快乐，是看到你们的梦想成真。

从明天开始，从明天开始我还想重拾年少时的勇气！我想做什么就做什么，想怎么样就怎么样，不徘徊不犹豫，不躲闪不后悔。

从明天开始，我想拥有这样一群朋友，我做对了大家给我掌声，我做错了，也给我一点掌声，因为朋友就是这样一群人，提最高的要求，给予最大的包容。

从明天开始，我想重拾年少时的梦想，我想让越来越多身边的人，穿着最得体的服装，以最优雅的姿态，站在属于他自己成功的舞台上！

从明天开始，我还想和一群人一起，做更大的一个梦，让全世界都把尊严和荣耀，给一个中国品牌和成就他的人们！

中国企业基业长青的致命三关：

1. 是从商品到品牌的问题

2. 是从生意到企业的问题

3. 是从商人到企业家的问题

中国创业者
采访本
Chinese
Entrepreneurs
Interview
Book

记者印象

夏华，一个专为男人缝制顶级服装的美丽女人，一个把全部精力倾注于关怀男人的智慧女人。她选择男装是因为爱，她之所以会成功是因为女人的敏感，还有耐力，她很快乐是因为她是在过程中享受，而不是以结果定输赢。

夏华，1991年中国政法大学毕业以后留校任教，原本安稳的职业并不能满足家庭生活中面临的诸多问题。而此时的她，在一次国务院科研调查中发现中国男装领域的空白，毅然决然的辞职从事服装行业的经营。而这个决定等待她的是家人的不理解，同事的嘲笑，顾客的冷眼相对，以及创业起步阶段的一切艰难。但是夏华是能吃苦、有恒心的女人，她相信自己的眼光，更能坚持自己的判断。她开始在西单商场做服装销售，在顾客身上寻找他们真正需求的产品，即使偶尔怀念曾经在高高讲台教书的日子，向往能够踏踏实实的陪在孩子身边，但是她知道，既然选择了就绝不能放弃。就这样夏华在艰难中逐步摸索着商场的经营之道，1994年她凭借着自己在最基层积累的经验，创立了依文服装装饰有限公司，正式创立男装品牌依文。同年秋天，在大胆启用了格子面料和色彩靓丽的花呢面料创造出"靓丽人生"花色西装后，掘得了人生的第一桶金，也拉开了她进一步引领时尚男装潮流的盛大帷幕。

如今19年过去了，她凭借着自己的智慧和勇气，创建了依文、诺丁山、凯文凯利、杰奎普瑞等高级男装品牌，业务范围涉及服装、服饰、职业装、礼品、国际品牌代理以及文化创意领域。她大胆、理性，又情感丰富，她凭借着自己独有的经营理念和情感营销方式，带领依文开创了500余家店面，销售额数十亿的业绩。准确定位、占领市场、稳步发展，这个睿智的女人在努力打造着源自中国的顶级品牌——中国驰名商标，中国服装品牌年度大奖，代表中国服装品牌远赴巴黎参展，中非论坛、2008 年奥运会、国庆 60 周年华诞等诸多重大盛世服装的设计和提供。

她自己被赋予了无数的荣誉：2004 年当选北京服装纺织行业协会副会长；2005 年，荣获"中国经济女性年度人物"称号；2006 年评为"最具影响力企业家"，并作为唯一一位服装界女性企业家被央视《东方之子》报道并荣获"中国营销风云人物"；2008 年获选"中国连锁榜样十大人物"；2009 年被授予"年度商界木兰"；2010 年获得"三八红旗手"等一系列奖项。

就是这个女人坐在我的对面，身后是依文精致优雅的服装展示厅，她踏实的坐在了这个再熟悉不过的环境，捋了捋头发，娓娓道来她的故事。精致、优雅，不造作、不妖艳，舒服得像潺潺流水、百年醇酿；漂亮得像夏天的睡莲，动人绽放。

生如夏花
——对话依文企业集团董事长 夏华

创业初期的理性选择

记者： 我个人对您创业初期选择男士服装这一领域比较好奇，作为女性为什么选择男装行业？而且一直做到现在。

夏华： 我觉得这是一个理性的选择。其实，每一个企业发展的不同阶段，或者是每一次企业家的决策，一定要有两个逻辑：一个是它背后的理性逻辑，一个是它感性的潜意识里的爱，如果没有爱的话，企业家都是很难坚持的。虽然今天是一个资本市场，但是我觉得它不是全部的内心的追求，我当时选择做男装，其实就是因为内心里的爱。我一直很喜欢服装这个行业，不管我们走到哪个城市，服装是与人们的身体贴的最近的地方，同时也是城市时尚指数最具代表性的一种表达模式。我出生在大连，也一直很喜欢大连这个城市。

当时选择做男装，其实更重要的是理性的选择。尽管我喜欢服装设计，但我本身不是学服装设计这个专业的，当时就觉得男士服装的变量不是很大，它相对而言比较容易驾驭。但今天来看，当时自己的想法是比较一相情愿的，今天男人的衣橱已经不是我们想象的那个样子，因为时代的因素，今天男人、女人对时装的追求完全走到了同一个节奏上。其实从每一年的服装秀上就可以看得出来，今天男装的色彩跟女装的色彩已经不是像以前差一季或两季，一年或者两年，现在我觉得已经同步了。

当时我是由于感性辞去了大学老师的职位，走进了中国的服装行业，而且这一走 19 个年头就过去了。从理性来说，那个时候叫下海，我觉得这一次一定要成功，不能够半路淹死，我当时就是这样的一种心态，包括后来我也创造了这个行业的很多哲学，这都源于有这样一个理性的逻辑在后面。

实践中面临挑战

记者：您如何评价服装这个行业？

夏华：这个行业是一个完全开放性的竞争，真的实践起来确实非常非常的难，我觉得它是比农民还要辛苦，比任何的科技工作者的创新力都要强的这么一个行业。天气的变化，或者是生活中大家不注意的因素可能对这个行业都会产生很大的影响。温度的变化是这个行业，尤其对中国市场来说是一个比较大的跨度，可能海南还是在夏天，但是哈尔滨已经是零下几十度了，这个产品线的跨度是非常大的。天气的变化，政治的影响，甚至经济对顾客群的心态的影响，这些都会影响到服装的色彩、款式，乃至于对服装的功能性都会引发很大的变革和变化。从这一点来说，我觉得女人是有优势的。

女人敏感度背后的商机

记者：女人有怎样的优势？如何用女人的优势来赢得商机？

夏华：在 2009 年金融危机的时候，我们成为了大赢家，增长率非常高。

在危机一开始的时候，我突然眼前一亮看到了一个机会，为什么会这么说，因为我觉得其实一次金融危机是对中国男人生活方式最具有改变性的一个机会。

由于我个人非常喜欢做调研，之前我就做过这方面的调研，我也特别尊重一个产业发展背后的逻辑。我从走进这个行业的时候，非常希望了解最真实的一个指数，中国的男人因什么而购买，是不是我们的设计师和营销的专家所想象的那样。所以我在 1999 年的时候设置了一份问卷，包括所有服装领域里面的一些专业的元素，人们对色彩的感知，对款式，对设计，对材质，甚至对店面的要求。最后让我大跌眼镜的是 80% 的人的回答与你所设置的专业问题是没有关系的，而是你意想不到的一个小小的、一些情感的因素，或者是他的朋友在穿，或者是他的家人给的建议，很多很多都是人的因素。所以从那时开始，我开始了中国服装行业里面的第一个大的模式改造。

我彻底颠覆了这个行业的营销模式，我觉得花钱买眼球对知名度是有用的，但是对一个品牌未来的长久发展和美誉度来说是没有太大作用的，那个时候我就开始采用情感营销这种方式。我觉得情感是男人最脆弱的神经，我当时跟很多人说男人的心是离钱包最近的地方，而不是其他。所以那个时候我不允许我们的企划人再去思考简单的买眼球的方式，而去思考那些可以撞击灵魂的一些感动。这个对于男人的营销案在当时来说，是大大的一次转折。

因为我当时发现男人的生活方式就是这个产业（服装行业）最大的机会。中国男人应该说至少有 50% 不是自己去购买服装，男人是最讨厌逛街的，大部分都是太太或者家人去打理他们的服装，再加上工作忙碌，造就了他们大部分衣橱里的服装结构单一，都是商务的正装或者套装。套装的变化不会很大，你想让一个人套装的色彩变化至少要花 5 年，我经常开玩笑说，一个穿蓝色的人你想要让他穿浅灰色，你就要花 5 年的时间去说服他。

危机中的衣橱革命

记者： 您是说金融危机改变了男人的生活方式，从而改变了他们对于衣着的理解？

夏华：是的，这一次金融危机使得男人开始自己去逛街，逛街他就有把每一件产品穿在身上去体会的机会。另外，这一次危机让他们除了工作之余，更多的开始思考假日、思考家人、思考 Party，他们的活动场所在改变，这样对他们的衣橱来说也是一次革命。

记者： "衣橱革命"带来什么样的变化？你们又是怎样应对这种趋势变化的？做了怎样的尝试和创新？

夏华：这一次衣橱的革命，会带来一个服装品牌的 N 次方的增长。为什么会这么说，因为他们已经改变了这种单一的购买趋向。一个男人一生的正装如果变化不大的话，其实他不需要每一年都购买，但是时尚假日休闲这一类服装每一年都要更换的，每一年流行的材质不一样，甚至针织衫的厚度都不一样，色彩的变化也非常大，搭配方式变化也很大，如果要购买的话就要成套的购买才可以。所以我觉得这是一次衣橱的革命。

所以当时我让我们所有的团队，从设计团队到营销团队，再到市场一线的团队，不再去思考危机带来的一些负面东西，而是更多的思考在这一次衣橱的革命和转换过程中，我们怎么去拓宽产品线。

事实上我们去年卖出了很多前所未有的高利润的饰品，以前我觉得这个很难，但现在很多男人都是 5 条、10 条的购买。所以我觉得这其实是一个懂得在服装领域里化整为零的故事，那么多的国际奢侈品品牌其实也告诉我们还有这样一条服装发展的通路，整套整套的成衣不一定是一个品牌未来的一个大的发展趋向。我们可以看到，今天香氛在奢侈品品牌里占了很大的比

中国创业者
采访本
Chinese
Entrepreneurs
Interview
Book

重，其实我觉得这给我们一个非常好的意想不到的回答。

现在再去说模式的创新，我觉得应该说第一次的模式创新是在营销上的一个创新，那第二次关键的创新是在品牌定位上的创新。因为一直以来发展中国家在品牌定位上大部分是按照收入，或者年龄来定位的，大家一般都是做给高收入人群，所以大家那个时候最简单的思考就是做给白领，白领成为一个成功的代表，甚至男装大部分打出口号说是做给成功男人的。我当时进行了一次深刻的反思，就是什么样的男人才算是成功的男人，到底以怎样的标准来衡量一个男人是否成功，是他的财富数字？那么多少钱以上算是成功。还是他所处的地位？那么什么样的级别算是成功。

后来，再经过深刻的思考之后，我在男装的行业提出了对男人成功的一个诠释，这个诠释引起了很多男人对这个品牌的关注。

我们当时的试衣间文化全部是这样的几幅图片和几段话：我觉得今天我们心里的成功男人不是简单的用财富和地位来衡量的，甚至不能用年龄来衡量，因为男装其实对年龄的跨度是蛮长的，所以当时我说其实我们真正去思考一个男人的成功与否是从他的角色开始的，可能很多男人他未必拥有很多的财富，也未必拥有很高的地位，但是他是父母孝顺的儿子，是家庭的顶梁柱，那他就是成功的，就是值得我们尊重和用心去设计的；很多男人可能一生都未必拥有过鲜花和掌声，但是他是妻子值得信赖的丈夫，是承载这个女人一生幸福的港湾，那他就是成功的；还有很多男人可能在芸芸众生中看起来很平庸，但是他在孩子的眼里是英雄，是偶像，那他也是成功的。

我觉得这些男人都是值得依文的设计师们去用心为他们设计的，同时这个也是性价比的定位，就是我们要圈定多大的一个范围，我们要为他们去做适合他们生活方式的服装，这才是一个有潜力品牌的定位。

这个对成功男人的诠释，让很多的男人开始觉得这个品牌是用心在理解他们，把他们放下来，不再让他们那么累，因为中国的传统文化是男人流血不流泪，这使得他们一直被架在上面。甚至他们的辛苦和累都不是一种简单的行为方式，别人的行为都会造成他们心里的波动，比如孩子受什么样的教育，妻子用什么样的化妆品，父母住什么样的房子，都成了男人内心里永恒的痛。

一个品牌最珍贵的资源——永久的 VIP

记者：品牌的重新定位后带来了怎样的变化？如何诠释这个品牌？对一个企业来说的意义是什么？

夏华：品牌重新定位以后，我们开始在试衣间，一个男人在卖场里最能冷静下来的地方开始提醒他们，适合就好。一件衣服是不是最好的，是看这件衣服的风格和质地是否适合你，而不是看它是不是最贵的，我宁可男人在这里理性地去选择 3000 块钱的套装，而不是在一种非常浮躁的服务业态度下去选择 8000 块钱的而回去后悔，甚至太太会觉得你把钱花到不该花的地方。

其实总的来说，我们是在试衣间挂了三段故事在倡导他们，让他们想想孩子的教育，妻子的化妆品和父母的幸福。一开始这个方案做出来，所有的商店给我打电话认为我疯掉了，有人说明明他（顾客）可以在你的服务员的忽悠下选择特别贵的价格，那你的成交量，客单价会非常高，你为什么一定要去提醒他们理性的选择，只为了他们未来不后悔。但是我想说的是，依文不仅仅是为了顾客一次性的在这里消费，而是希望一生都套牢他们。在他们走进这个品牌的时候，他们的心是最舒服的，让他们觉得在这里可以很真实，用自己腰包里能够让自己很适合的价格解决自己的行头问题，而不是为了面子去购买。所以我觉得正是从那一刻开始，依文拥有了一个品牌最珍贵的资源，就是我们的永久 VIP。

到现在有人问我说，依文未来发展的核心竞争力是什么，我说有 60 多万人一直跟随着这个品牌走过春夏秋冬，没有理由不说这个品牌未来发展空间会很大，而且我们每一年都还有新加盟的 VIP，所以依文最重要的是能够还原给顾客一颗平和的心，让他们能够一直跟随这个品牌走下来，不仅仅是

中国创业者
采访本

Chinese
Entrepreneurs
Interview
Book

因为产品的适合还有文化的认同。

在依文，一些合作伙伴来谈的时候，我们都用我们最通俗的语言，我们就是想做一个优雅的，好吃但不贵的品牌，让大家觉得很舒服。依文所倡导的是永远的优雅，像我们曾经邀请吕思清、李云迪做优雅之旅的演出，其实这样的活动我们每年都有。依文所追求的是高性价比，适合的价格穿出最好的风度，不管你是 20 多岁，还是 50 岁都可以选择依文，我觉得它永远是让男人最放松的一个品牌。

品牌只有好坏没有国界

记者：依文未来有怎样的发展规划，是否会进行品牌国际化的发展道路？

夏华：我一直说做品牌，做调调，做人，做品性，我觉得包容不仅仅体现在做人上，做事也是如此，一个人你要活得幸福，你必须要懂得包容，做事也要大气，甚至我觉得一个品牌要走出去，它的包容性也非常的重要。

同时我会觉得，你生长在中国这片热土上，不管你走到哪里，你中国品牌的烙印，中国的文化的烙印都会根深蒂固，但所有做时尚的人都会知道其实时尚是没有国界的。时尚的语言这种表达方式它一定很国际化，所以在培养设计师上我都会给他们一句特别通俗的逻辑——浓浓的现代味，淡淡的中国风。我们是中国的企业，企业里没有中国文化，那是不合理的，但是我觉得我们同时又是做时尚的企业，所有国际上最流行的东西，今时下最流行的材料或者最流行的风格，我们必须懂得去运用，所以我觉得今天这一段逻辑适用于每一个行业的品牌，不仅仅是服装，我们是有富含自己文化的东西，而且这种东西是具有生命力的。依文旗下的很多品牌，在伦敦、哥本哈根这种最时尚先锋的地方都得到展示。我相信不管什么时候，别人都可以从它的产品和店面里读到属于中国文化的东西，这是属于我们自己的文化，我们是最有发言权，最有话语权的。但是在全世界这个行业的竞争里面，它是没有国界的，品牌只有好坏，没有国界。

做一个值得人们尊重的品牌

记者：依文发展的目标是什么？

夏华：其实我觉得我的目标很简单，做品牌，做成一个值得人们尊重的品牌。所谓值得大家尊重的品牌并不是卖的最好的，可能很多资本人会思考它的溢价能力，但销售额绝不是它全部的价值。我觉得一个值得人们尊重的品牌，它是具有长久生命力的，人们不仅仅觉得它是装饰品，而是值得我们用心体验，去铭记的文化。

价值的理性投放

记者：这是一个方面，这是感性的因素，我觉得不可否认的是一定要有理性的追求，可以说是资本价值的追求。

夏华：我觉得最重要的是在理性的逻辑里面，还是要有感性的因素。为什么会这么说呢，因为太多的中国品牌价值释放的速度太快了，品牌的价值累计是需要时间的，价值的释放同样也需要合理性的周期安排。我之前接触过很多的合作伙伴，到今天我也敢特别肯定的说依文一定会是很多投资者非常追求的品牌，因为我觉得依文就像一个女人，一个优雅的女人，那一定就会有人喜欢的。在这个过程里，我很多的合作伙伴，甚至是多年的朋友来了第一个问题都会问我明年能开多少家店，但我一般都会把球踢给他们，问他们明年想开多少家店，因为对依文这样的品牌来说，它的市场投放量是没有问题的，其实我们也一直都是收着做的市场，很多的二三线城市，不是具有消费能力的城市，像这样的话，可能就算是加盟商拿着钱，我们都不会开放这个市场的。很多的纯粹从资本价值去考虑，或者纯粹从销售额考虑的人是不能被理解和接受的。从另一个方面来说，我觉得中国品牌的发展脚步本身已经很快了，我们看欧洲那些值得内心尊重的品牌，它是用上百年的时间开了几十家或者上百家的店，而我们只用了19年的时间。依文现在有几百家店的时候，我其实觉得我们的脚步太快了，即使我们的时间利用率比较高，那我觉得也太快了。在这个释放的过程中，我觉得一定要注意你的管理水平，你的管理半径是不是能达到这样一个管理范畴，因为中国的市场是无限量的大，给各种各样的品牌都是无限的机会。一个品牌的高度是靠品牌的创始人和他的管理团队共同去拉动的，如果我们想投放到市场上，这很容易，因为中国有这样一个特殊的现状，从南方到北方地级市都有上千家，那我们一夜之间就可以变成上千家店，所以我经常开玩笑，我说你想开多少家店，只要我在专业媒体上发一则广告，我们放开了二三线市场的代理商渠道，那一定会很快的就放开，但是这种放开会伴随着品牌的精细化程度的降低，品牌的议价能力的降低，甚至品牌未来成长空间的缩小。所以，我觉得如果我们把彼此跟资本的结合当成一家人的话那是划不来的，我们要走更长的一段路，也需要合理化的释放，我们每年开多少家店也一定是在计划的指标之内。

品牌是目标 钱是手段

记者：品牌发展是否需要有一定的量化指标，或者既定模式？为什么我们很少有被世界认同的品牌？

夏华：这与我们的产量，管理团队的培训，到终端的店面以及我们的认同度都有关系，每一个城市到底有多少家值得我们去做，我觉得这个一定得有量化指标，有计划，甚至不仅仅是计划3年，而是5年、10年的这样一个过程，当然这个过程会有商业的一些格局的变化，比方说这一两年商业路径的变化非常大，由传统的中国品牌依赖的百货模式开始往Shopping Mall

甚至开始往这种名店街的方式去转移，但是这种转移我们也是尝试者，一种模式要真正的做好了再去投放。专卖店和店中店完全不一样，我们不可以这样不负责任的让品牌的快速扩大来拉动销售额，所以真正的终端市场做得好是我们的店面不增加，我们的销售额增大，在这种情况下单店的增长能力非常强，我们再一点点有目标的扩大，那你这个品牌再做一百年都还是有空间的。否则以"快"去投放的话会存在很大的问题，这也是在现实和利益之间，对品牌的一种情感和责任。这样是一个矛盾空间，这就需要创始人拿出你的态度来，所以我觉得很多时候做品牌不仅仅需要能力，更需要一种态度。

大家都说中国做不出好的品牌，当然其中理由也是众说纷纭，但这些都是我所不认同的，最重要的还是心态问题，我们的品牌文化虽然历史很短，但是是以我们的文化为支撑，那在我们这种很强势的文化支撑下，我觉得未来一定会有优秀的品牌诞生，但是最关键的因素是大部分人做品牌是以钱为目标，品牌只不过是手段，这样就一定不会做出好的品牌，要做出好的品牌，必须要调整到品牌是目标，钱是手段。

品牌的文化支撑

记者：您认为中国品牌所涉及的文化支撑是指什么？

夏华：刚才我说的文化支撑，其实这是源于我在第一次去听国外的品牌做演讲，看他们把 Powerpoint 一打开的时候，我当时就把我原来做好的稿子给扔掉了，这是为什么呢？因为大部分国外的品牌，他们都会讲创始人的故事，都是我爷爷的爷爷，几代人之间的这样一种品牌之旅，我的故事是从哪一年开始弃学经商的，但是我觉得而当时显得如此的肤浅，所以我就把它调整到五千年前的一个故事，从中国文化开始讲起，我从听众的反应里感受到了他们的认同，因为要谈中国品牌的话，我们确实太年轻，我们对时尚的感受，一定是社会的生活方式会决定了时尚的这样一个进程，这一点我觉得毫无疑问。从五千年的中国文化我们可以看到太多的这样的对中国品牌的价值支撑。所以谁说中国没有奢侈的渊源，所有的欧洲的品牌商都在讲他们对红酒，对贵族的理解，但是我从《红楼梦》开始说起，我八岁的时候开始读《红楼梦》，我很喜欢读这些名著，那个时候也是半读，我父亲给我半解，那个时候我听到了一段故事是妙玉用梅花上的雪水来泡茶，那时候就觉得那是天大的奢侈，我觉得那是一种真正的有品位和奢侈的生活。我觉得我们是有这样的奢侈的渊源的，我觉得这个国家的人们真的懂生活、懂格调、懂奢侈，这就是一个中国品牌，我觉得最大的希望就是只要你真正做得好，你是能唤醒人们内心中对一个品牌的认同的，而不是你简单的在卖商品。所以，我觉得在这一点上我们有着足够的这种文化的积累和支撑。

关键是我们的设计师懂不懂得用，我们的设计师懂不懂得把我们的文化还原成一种真正的品牌。最近这一两年我们一直在做中国系列，所以我在给设计师布置这个命题的时候，很多国外留学回来的中国设计师都会说这样一句话，说夏总这个命题太难了，我一直不敢碰中国，后来我就说假如一个在这块热土上成长起来的骨子里流着中国人的血的设计师不敢碰自己的文化，那谈何设计，那你的作品就是没有灵魂的，就是不同大师的复制品，那个是我完全不能接受的一个设计的概念，因为你连根深蒂固的这种文化你都不敢去碰。所以，我一直都觉得当中国的话语权越来越强的时候我们的文化支撑会真正爆发这样的一个在设计界的力量，龙永图的一句话特别打动我，"让世界倾听中国的声音"。我觉得时尚界也是这样的，其实真的在全世界开始向东看的时候，我有理由做一个中国品牌，我们希望全世界开始倾听中国的声音。

中国服装业态

记者：设计的力量是很强大的，但是对于样式相对固定的男装而言，中国男装如何能够引领世界的潮流？它有怎样的优势和困境？

　　夏华：男装其实一直是设计与穿着教育并行的一个产业。我一直说，其实女装也是，女装这件伟大的了不起的事情被香奈儿做的比较精致，其实她的伟大不在于这个品牌到今天有多少人喜欢，而是每一次它都是一次革命，它都会创造一种新的着装方式。而男装，当然我觉得几个世纪以来其实也一直在被创造，尤其中国人从长袍马褂过渡到西装，又过渡到中山装，再过渡到西装，到现在大家一直找不到应该用什么来表达一个中国男人美的时候，其实特别需要有品牌站出来去做这样的产品性拓展和延伸一个设计和思考。男人衣橱里到底应该是怎样的一个比例，到底应该拥有什么样的一种配搭才是他们生活方式最完美的一种表现，其实这也是我思考中的男人的衣橱的革命。原来的那种纯粹的品牌是被动的，中国的男装品牌一直非常被动，包括欧洲的品牌进到中国也变得被动，为什么？男装的设计师品牌生存也非常难，为什么？因为他一直被选择，现在最流行"被"字，这个很贴切，为什么？因为他们一直要研究中国男人到底能接受什么，中国男人一直不会穿出格的服装，他一直要跟他的文化，跟他的职业背景，跟他的情感取向对接的很紧密，一点点变化就会让他觉得自己找不到自己是谁，所以他们恐惧这种变化，一辈子其实在一种着装方式上去被左右，其实这一次金融危机伴随着他们生活方式的一个变化，会让很多人去用服装改变他们自己，去把内心的这样一种情绪发泄出来，突然人们对色彩的接受度开始变宽，然后突然人们对配饰的接受度也开始变宽，我们很多年都没有卖过那么多晚装的配饰了，包括腰封，甚至围巾、帽子。我觉得男人真的是在一定环境的大变局下才会开始改变自己。

　　这一次我所说的革命其实就是抓住这样的一次机会，我们开始让男人的衣柜里充实一些，他似乎觉得可以接受，以前自己觉得不能穿的东西现在开始穿在这些男人的身上，或者是他买回家里去在一个他认为适合的场合，至少在镜子面前去审视一下自己，我觉得这对中国的服装行业是一次很好的发展机遇。

中国创业者
采访本

Chinese
Entrepreneurs
Interview
Book

我为什么说产业背后的这样的一个逻辑，其实是你必须了解这个产业链的组成部分，这个产业一定是上下游联动的。最上游其实是原材料的一个发展，那在这一点上它从某种角度制约着中国服装企业的发展，但是今天好就好在全世界的供应商的开发，我相信大家都会到中国找他的大客户，我们已经成了很多国际大的面料供应商的座上宾，因为你有量，你有市场的量在这儿，而且你有这么高端的客人，我觉得第二个就是品牌商，还有一个就是终端的商业，品牌商的窗口。

这三者是一个联动的作用，中国品牌的发展，你永远要把自己置身于这样的一个完整的链条和产业环境下去思考自己的这样的一个发展，所以在这三方里面你要去找平衡。金融危机让我和我们的团队意识到品牌在这个时候，在这个链条中是一个支撑性的环节，因为不管是外贸工厂，还是供应商，这个环节是倒拉动，市场的需求产生后出现了品牌商的设计拉升，然后出现了原料的快速提升，或者是正链条需要我们的原料的创新能力非常强，因为原料的提升拉动了品牌的发展，然后带动了市场的着装风格或时尚指数的提高，这两种拉动都会要，而中间的品牌商永远是受益方，不管是哪一头的拉动他都永远是受益方，在这一轮的表演里边我相信很多优秀的中国品牌让上游和下游都能感受得到。

中国很多优秀的百货商场的商业领袖，我对他们是又爱又恨，爱是在于他们是中国品牌的一个窗口，我们中国品牌前十年都是依赖百货商场生存的，这是由一个特殊的业态模式决定的，人们不会在街边店买很高端的东西，尤其做高级的男士正装一定得依赖百货商场生存，而百货商场为了他自己的定位，前些年都是不惜花重金去请来国际一线的品牌，中国品牌是在这样一个极不公平的竞争环境下生存的。那国际品牌的到来就是"彩妆"，不管它需要什么位置，什么样的条件，中国的商业都是在被动的接受，而恰恰真正能够实现平效的价值和利润的是这些众多卖钱的中国品牌。

"稳"、"准"、"狠"

记者：中国品牌该如何应对这样的状况？

夏华：这一次危机让很多的商业老总有了一些反思，我觉得我听到的最让我感动的一句话是，他说这一次危机让他们真正懂得了彩妆和护肤品的关系，中国品牌是护肤品，他要用一辈子，而彩妆是某些时候才会用的，在这一点上让我看到了在竞争过程中品牌的支撑性作用。很多国际品牌能够赚钱的话，我就合作，不赚钱或者是亏损，或者是市场不好我们就坚决撤出，百货是一天一个位置都不能轮空的，这个时候中国品牌就会勇敢的冲上去，尤其像我们集团性的这种品牌，也恰恰是在这个过程中，中国的百货也开始认同中国品牌，一些非常执著，非常有耐力，而且有非常好的企业管理水准的企业开始成为他们真正锁定的目标。

这个过程中我们也开始思考，第一，我们被这一头接受了，而我们现在又在整个原料的环节上打开了世界市场，这一轮的危机正是我们的福音，全世界的原料供应商对中国市场非常非常的关注，对中国品牌非常非常的关注，因为我们的订单量没有减少反而增加了。

那我觉得我们的优势就在于我们直接利用了终端的顾客层，不管是商业，原材料商，还是品牌最宝贵的资源，重要的是我们拥有多少客人，在这一点上我们对这个行业的思考和动手的早，所以我就说在今天，每一个行业的发展一定是看谁下手快，谁动手早，谁稳准狠。

无界限服务

记者："稳"、"准"、"狠"有哪些具体体现呢？

夏华：我们是从 2000 年就开始做终端 VIP 的管理，我们自己能够拿到这么多顾客，而且我们对他们需求的掌握速度是最快速的，所以基于这一点，我觉得我们的 VIP 管理，这种深化的过程就是这个品牌发展不断成熟的过程。今天我们已经不仅仅有常规的 VIP 管理系统，我们还有要客部，就是我们的管家部门直接深入的要客，它会把一个客人的全服饰系列的延展完全拿到手。其实一大批的中国男人是不逛街的，对很多成功的男人来说，服装的这点钱不是问题，关键是怎样让他不用花很多时间又能穿着得体，所以我们的要客和管家服务也就是针对这个问题推出的，这也是最能吸引一批男人的地方。现在他们这一群成功的男人已经不需要再用一个品牌来点缀自己，如果说时间倒退到 5 年前可能很多人认为不管怎样我也要买一件 zegna，买一件牌子，但是今天他们思考的都是这个产品的品质，这个产品的适应度，这个产品的服务。

我从 2003 年开始去倡导"无界限"的服务，就是所有客户的需求都是我们要满足的。那这种服务也是有一定的定位，就是哪些是我们该做的，哪一些是我们不该做的，现在服装大家都不希望花太高的成本去做后期的保养和打理，大家只喜欢卖的过程，喜欢收钱的过程，但是后续怎么办，没有人想花钱再去解决后面的问题。

其实，像我们旗下的高端品牌从 2003 年就开始去思考怎么样去做后续的服务，就是买了以后怎么办，顾客掏了腰包之后我们去怎样做终身的免费的维护、洗涤、打理，那这样年复一年其实在我们的顾客内心里树立了它的品质。现在很多人开玩笑都会说，你们的产品真的比很多国际品牌好，为什么，我心里清楚不是工艺水准比人家高多少，是因为后续我们的每一次洗涤，在我们的原厂的洗涤都是一次保养，它有几十道工序的这种维护。很多街边的干洗店的那种破坏性的洗涤会让服装的品质相形见绌，很多我们的顾客就是因此爱上了这个品牌。我们"无界限"的服务不会思考合适和合理，而是怎么样让客人觉得更便捷，我们有很多顾客的服装是直接送到机场，甚至很多量体都是在酒店会议过程中进行的，那这些都造就了这个品牌未来会有无限的价值潜力。

女人的优势

记者：作为一个女企业家，相对于男企业家来说，您觉得优势在哪里？

夏华：那如果就我的行业来讲，我的优势就太大了。做男装，我一直都是饱含着激情和爱去做，而且最关键的是我不会完全用自己的审美逻辑去做我的产品，如果我做女装的话，我一定会把我的很多审美趋向加在产品里，这是没有办法避免的问题，你的着装，你对美的感受都会影响到你的设计人员或设计团队。做男装我们完全是取之于顾客，还原于顾客，我的很多设计师都是女孩子，我让她们从女人细致的思考和对男人欣赏的角度去表达作品，这样就很可观。设计师和艺术家是有区别的，艺术家不需要改造别人，想怎么做就怎么做然后去引领别人，设计师不是，设计师是一定要懂得去尊重别人的感受，因为你所有的作品最后是别人接受和认同的，这就是最大的区别，也是最重要的逻辑。

记者：站在别人的角度去思考问题，还有呢？

夏华：另一个，我觉得是女人的耐力，这个行业太需要耐力了。这个行业是细到每一根神经的，你的敏感度要非常非常的高，甚至你365天都处在一种极其紧张的状态，外界的任何一个元素对你都会有刺激，不管去哪里，所有人的着装就会跳到你的眼球里，你就会觉得原来要流行这个，原来要这样穿了。还有一点就是不管你在哪里，当你有感触，随时要有工作的状态，所以我觉得很多品牌的消失都是因为缺少耐力。我在走进这个行业的时候，中国有几个算是不错的品牌，他们当时已经做到了几个亿的销售额，后来这些牌子消失了，我觉得不是像大家经常说的中国这块土地不出品牌，而是这些企业家没有把这次长跑坚持下来。

服装设计它是年复一年的，我们现在又再做明年春夏的，你年复一年的冲刺无数个百米冲刺，你刚刚前面这一季胜利了，下一季就开始了，不断地这样重复，所以我觉得做这个行业一直会让一个人处在一种亢奋状态或一种紧张状态。中国今天有很多走量的品牌，我觉得他们的成功背后蕴藏着一种悲哀，他们的整个收入的比例里面服装占的量越来越少，房地产或者其他行业占的越来越大，他们真的把自己变成了投资商。

记者：变成投资商也是一种方式啊。

夏华：因为把自己变成投资商获取利润最简单或者最快速，甚至很多很多都变成了投资人，然后他们不再自己去操作，而是花钱买个品牌然后让别人去做，我觉得如果实业家都变成了投资人的话，那投资人就该失业了。所以，希望很多投资人都能够非常有耐力，能够一直把这件事当成他生命中最享受的事情去操作，我觉得我就是其中一个，所以我觉得这也是女人的优势，女人往往是在过程中感受乐趣，而不是完全以结果论输赢。

记者：如果不以结果论输赢，支撑着你向前的动力又是什么？

夏华：我的很多学生，或者我的同学经常说我比他们幸福，因为我一直做着一件我非常热爱，然后跟我的生活跟我的工作非常相关联的事情。我会给我自己特别的旅游，我的旅游充满着一次一次灵感的冲击，所以我会经常旅游，写游记、拍照片，我会和我们的设计师、我们的服务人员去住很好的酒店去体验服务，所以我觉得在我的生命中，生活中每个环节都跟我的事业联系起来，能够给自己特别多用最好的方式去生活的理由。我觉得我很快乐，我做这件事情几辈子都不会厌烦的，所以我觉得这个就是最大的好处。

面孔四 | 李元发

语　录：

"给员工一份工资，还不如给一份愿景、一份心气"。

"中国的农业和农民如果不进步，那中国就谈不上进步"

"作为中国改革开放第一代企业经营者；没有享受的权利"。

中国创业者
采访本

Chinese
Entrepreneurs
Interview
Book

李元发，出生于台湾。中国社会科学院经济学博士，台湾现代农业推广协会会长。台湾九鼎轩两岸投资股份有限公司、九鼎轩〔北京〕管理策划有限公司董事长。北京台资企业协会副会长。近期正在策划项目为渝台蚕业示范基地，中国游用牡丹种植基地，京台绿建筑——长城生态论坛。以收藏古玉器为最大乐趣。

创业者档案

1991 年来到大陆，1992 年第一批投资在京的地产人物，楼书、样板房、房展会、pop，第一个把台湾房地产模式引入北京。第一个把北京商品房放在台湾、美国销售的领先者。李元发成立的九鼎轩置业被评为北京最大的地产代理策划公司，而他本人被评为房地产策划教父。李元发与北辰集团合作的"观天下花园别墅"，已成为当今"鸟巢"国家体育馆。他先在北京八达岭长城新能源产业基地开发"长城观止"中国绿建筑基地。推广节能减排工程。2009 年又在北京门头沟区军庄东山村开发投资的"台湾农场"为北京第一个生态度假山庄。

记者印象

忘记和李元发缘于何事认识，只记得他来接受访问的那一天，穿着朴素的黑夹克，开着一辆黑色的越野车，看起来很有些风尘仆仆。不过采访的过程他很沉静，在给我讲述他的故事时候，时常闭上眼睛，沉浸在往昔激情燃烧的岁月里，静静地回味，深深的思索，他说话的声音很低沉，似乎在倾听自己内心的声音，又似乎在与自己的心灵对话。而他不仅是个深沉而具有前瞻性的思考者，更是一个大刀阔斧又极其务实的实干家。

『非常中国』的企业家

——对话九鼎轩集团董事长 李元发

投身于现代农业产业

记者：您最早是从事房地产行业的，可是为什么现在将目光聚焦于中国的农业。

李元发：我最近在做一个园林，这个基地刚好是背靠着香山公园，从我的思维里是如同看到在台北的阳明山一样。阳明山的后山发展得很好，我们从台湾过来，回到祖国大陆，所以我们确实有那种台北似的情结。北京是一个大盆地，所以我们每一年都会爬香山。我是 1992 年来的，我上香山超过 10 次，基本上是两年一次。我总感觉香山有点儿像台北的阳明山，一样那么漂亮。香山、八大处、植物园、碧云寺，都是国家保护的大型国家公园、公共空间。我爬香山的时候，刚好看到山谷里面有这么一个有文化底蕴的地方，之前一直没有发觉，就一山之隔。当我发现以后，我几乎可以把台湾很多开发得很好的山庄，度假村浓缩在现在这个地方，也就是东山村。东山村是属于门头沟区的，是在山谷里面，当时我都不敢相信北京还有植被这么好的地方。当然它还是有一些遗憾，像水源比较缺乏，有点儿枯竭的感觉。但是地上植被非常好，平均的树林大概有5种树，我们调查有680多种树种，其中有5种树种都超过400年，非常的壮观。而且一般来讲，北京的这种历史久远的这些树，大部分都是过去皇家的那种（树），像庙宇、宫殿那种大的松柏，还有大的银杏，只有这些树才会有那么大的年龄。这个地方却全部是果树，因为过去老百姓种果子，产量最高也就是15年到30年，一般来讲，30年以后的果树产量都比较少，所以老百姓都会把果树砍了，重新栽种新的。

我这两年才找了台湾真正的农业专家过来，果树进入到死亡阶段，这与水源、种植技术，还有养护方式有很大的关系。我找了8个台湾的农业专家来，重新做土壤的治理，好像动大手术一样，把每一棵老树的土壤清出来，把树根清出来，发现这些根都腐烂了，不再生长了，那我们重新给它截根、包扎、再生，然后植入很多有机的草炭土，重新给它恢复，目前已经看到效果了。过去根据他们当地老一辈的农民讲，一年大概有4棵到5棵会枯萎，现在他们说又缓过来了，而且硕果累累，非常好，保护那些树木，也是一个自然的文化遗产。

当时我们去看的时候，大家都吓了一跳，不敢想象我会放弃房地产去做这个。

做踏实的事业

记者：当时是出于什么原因去做台湾农场的。

李元发：我可能有点儿喜新厌旧，当一个人不用为人民币再伤脑筋的时候，就开始感觉自己成熟了、顿悟了，以前总是为人民币在忙碌。

记者：现在的动因是什么？

李元发：最原始的本质，我自己形容自己叫农家子弟。我觉得中国人都是农家子弟，几千年来都有那种很淳朴的农民本性。通过改革开放，那种进步的农民，我觉得很有意思，所以在人进入不惑之年的时候，应该找到真正自己认为很踏实的事业，当时我觉得我找到了。我希望有可能的话，在大陆发展几个台湾农场。找一个有上千万人口的城市，做一个台湾农场，希望这可以实现，然后我要将这个成功再复制。

另外，比如金融危机对其他行业影响都比较大，但是我觉得我现在做的生态农业不会受金融危机的影响。还有比如说我的劳动力在增加，投资在增加，投资规模在扩大，北京市政府说如何保就业、保增长、保投资，所有的这些我都实现了，就因为我选择现在这个行业。

过去做房地产经常会担心宏观调控什么之类的，但是我现在做台湾模式的生态农业，我觉得太痛快了，虽然很辛苦，有人说跟农民打交道很累，其实有人的地方都很累，都一样。做房地产是在一种竞争的市场氛围里，在农业、农民这块这是一种使命感，他们知识方面比较弱势，在社会竞争里面也相对处于弱势地位，所以我觉得如果我们有能力，我们应该花更多的心力、财力来为农民做一点事情。我认为中国的农业和农民如果不进步，那中国就谈不上进步。

总结经验　少走弯路

记者：如果刚才谈的是您想建立台湾农场的初衷，您想要达到的最终效果是怎样的？

李元发：我进来的时候，当时抱着一种很商业的心态，利用我房地产的优势在这边发展。当时，我认为中国房地产进入到初期阶段，很多东西都没有一个市场的规则，比如说按揭贷款，就是我提出来的整套方案。还有售楼处、楼书、接待中心、样板屋，这些都是我当时把它做出来的。我当时因为自己的专业积累了一些经验，同时中国大陆逐渐进入到经济全球化、国际化了，下一阶段台商在中国大陆这样一个国际市场里面，台湾企业在这边竞争，台商应该有新的思考。

像我应该算是北京的第一代台商，第一代台商应该有重新定位的时候，也就是在中国大陆这么长时间发展的台资企业，下一步要怎么做，我们也应该做一些企业发展的结构调整，其实整个中国的经济产业也要重新调整，产业结构也得调整。台商也要调整，他们不调整也要面临全球化以后的竞争压力，尤其是金融危机以后。但台商还有另外一种优势，就是台湾在亚洲的农业发展，我觉得这个优势是可以让中国老百姓基本需求得以解决的。我觉得现阶段我们应该挖掘中国人"食"的精神，"食"的文化，不再追求量，而是追求精。台湾现在吃的部分特别是农业部分比较精致，比较经典一点。我最近找出他们之间的那种反差，台湾跟大陆农业的发展大概相差一代，也就是20年，当然台湾现在不能跑得很快，而中国大陆就可以跑得很快，但是在跑的过程中，我们完全具备跳跃式，没必要按部就班地来。因为加入WTO以后，很多农业的发展也必须要面临全球竞争的问题。既然台湾走过这么一段路，我就觉得可以把台湾失败的原因，甚至说成功的依据都可以套用进来，使得我们可以少走很多弯路。

记者：台湾农场是怎样的一种运营模式？

李元发：台商在中国大陆投资关于农业项目还是属于比较大的，当然我们不是以种植为主，我们是利用原来的皇家果园，就是唯一带京字头的京白

中国创业者
采访本

Chinese
Entrepreneurs
Interview
Book

梨这种果树作为我们的主题公园，我们不是让它成为一种主要销售的果实，而是一种文化的提升，就是说让人家知道过去为什么这种果品能够作为皇家的贡品，它的特色在哪里，特质在哪里，这一点我们一定要把它提炼出来。这样的主题，我们相当于建一个叫迪士尼式的生态公园，它们是一种玩的、娱乐的，完全是生态的，这里面上万种的植物、生物，甚至这里所有的、一切的所谓生态的一些衍生物，我们全部把它保留下来。比如说我1997年进来的时候，老百姓因为要防虫，要打药，如果老百姓吃的水果要打药，我觉得从我来讲良心上过不去，但是它为了让这个果品的品相好看，使用了很多的杀虫剂去保护，老百姓说果品的品相不好，就卖不出钱，他们必须这么做。我进去以后就完全改了，我们反而变成希望很多的游客来看到虫，甚至我们花了4万多元钱去买了两车的蚯蚓，我们要让土壤重新给它有机调整。我从张北，就是内蒙古那边进了七十几万元人民币的草炭土，重新治理，我们叫客土栽培，让有机的肥料能够慢慢地恢复起来。由于过去他们长期地施化肥，还有打药，土壤都沉淀了，我估计还要三到四年的时间才能完全调节好。现在像鸟类开始进来了，因为我们做了人工湖，有水了，所以生物的多样性就多了，成果很明显。过去来很多的鸟，他们放鞭炮，把鸟吓走，因为它们要来吃他们的果实，现在我们欢迎它们来，老百姓来到生态园区的时候，看到的是一种生态的平衡，太漂亮了，甚至是很和谐的相处，我们有板栗树，松鼠、野鸡、野兔，就在园区里面跟人共舞。我觉得它是一片净土，一片和谐的生物可以共融的地方。它是一种可持续的生态平衡模式。

双赢模式

记者：人进去以后，怎么继续维持这种平衡？

李元发：我做了一个叫生态流量的控制。一般来讲你经营农业，你就希望人越多越好，比如说我的门票，我的营业收入会越来越高，但是我告诉我的客人，我要做一些预约跟控制，也就是说从经营模式上来讲，我走的比较超前一点了。我的农场必须要预约，每天我必须要控制流量，到360人的时候，我就封闭了，我要让这里面不要达到生态的负荷，就像你刚才说的，怎么样去控制这个，不是多多益善。我也不会因为这样子我的收入就会降低，因为所有来的客人都能够有非常宽松的环境，他有非常好的一种所谓宁静的心情去享受这种生态的回馈，那种感动。第二我们请了很多志愿者，我们的志愿者包括几种，一种志愿者是不用给他支付任何工资的，是社会上一些很有爱心的人，对生态的恢复抱有希望的人士，比如说我们自己，我们集团公司的员工一个月要上山一趟去清理。那边有一条香山古道，因为有很多的登山客会留下很多的这种所谓旅游生活垃圾，我们已经清理好多好多了，我们每个月清理一次。我们组织当地的村民、退休的老百姓大概有六十几个人，我们给他们一个有规定的工作机会，第一个就是每天不能超过2个小时的工作量，一个小时10元钱，他们的工作是什么呢，拿一些小米、薏米粒到山边，到我们固定的场地去喂一些鸟类，因为他们应该有一些自己的空间，这样它就不会侵害你的果实。第二个是老百姓在园区做我们的生态老师、生态解说员，因为当地的老百姓对当地的情况非常的了解，哪里有一棵树，这颗树怎么样，几代人，他可能会告诉你说这棵油梨树已经260年了，他们经过了13代人，他会告诉你这条古道是盐道，是东晋时期的一个军机要道，等等，他非常清楚。不但如此，我们还创立了一个老人津贴，我认为最难的就是他们认为企业跟农民的利益是相背离的，那我要怎么用和谐的方式，让他们接受我，然后我也能接受他们，除了给他们制造很多的工作机会，创造更多的收入以外，我希望让他们有成就感，有骄傲感。过去这个村283户896个人，他们从来没有这么自豪过，为什么这么说呢，这里本来是一个山谷的农村，几代人都住在这里，一直没有觉得他们种的这种树多漂亮，没有自豪感。这里总共有4

个村，到目前为止还没有自来水，所以他们跟我们的园区一样，都是喝地下水。虽然水质非常不错，但是如果登山客随意地扔一些垃圾，那我们喝的水就会被污染，所以我们是不允许这种垃圾丢在这里，换句话说我们要去维护它，去清理它，我们自己要有这个意识。如果哪天有机会我邀请你们上山，我相信你们会感觉不一样，有很多的老北京人说，这应该是全北京最干净的地方，第一你看不到任何商业广告，你进园区可以把一些在城里面的压力、烦恼、郁闷，还有种种不愉快统统地放下，进入园区的时候说话要很小声，因为怕吓着这些鸟，走路要很慢，整个都是一种慢的氛围，进来以后，整个人要让自己开始感觉跟城市不一样。我希望能够和所有在北京跟我们一样做农家乐的这些人一起分享，一起进步。因为我很清楚，台湾15年前很多农家乐都破产，假设他们还是用现在这个模式，再过几年城里人就不去玩儿了，当然这还有很多的其他原因。

一个细节　一份感动

记者： 您觉得农家乐会成为当今社会一种比较强烈的需求吗？您心目中的农家乐是什么样子？

李元发：什么是农家乐，第一个，农家乐更多的就是吃，吃当地的特色，但是我觉得农家乐第一不是好不好吃，第一是要干净，这种干净你要体会出一种我们的文明。第二个要安全，安全是什么，吃的安全，玩儿的安全，你心情才会舒服。第三个是一种规划的理念，经营规划，设施规划，还有一种我们讲的赏心悦目的规划，就是你眼睛所看到的任何地方都会让你舒服。这个很细，你这边为什么要种一棵树，为什么要摆一个摆设，或者为什么你的路径这么安排，都有它的道理。

比如说我们的模式是规划好所有的空间，因为我们过去是做房地产的，我所有的空间都是跟过去农家乐不一样，跟所有的度假村也不一样，为什么，这是尺度问题。我的生态园区就是第三空间，比如说北京人更多生活在两个空间里面，一个是家里，另外一个是办公室，我试图要去找一个，它既不是家里也不是办公室的那种空间，所以它的尺度很不一样，会让你感觉不可思议，它的尺度为什么会这样。第二个我所用的东西会让你感到一种自然，我不会很刻意地去加一些东西在里面，比如说一定要做得很豪华。你在那里也看不到大理石，看不到所谓加工的东西，全部都是很自然的东西，为什么我这样做，第一个是要把生态很彻底地给它展示出来，而且要利用好，所以我不会主张创意而是创造，比如说一般农家乐来讲，它可能就是端出自己的原味，我觉得不仅仅是这样子，应该是有一些创意，应该有一种让城里的人赞叹的东西在里面。它不仅仅是满足口服之意而已，它应该能够激发他们回到城市里面的另外一种生活，给他们一些新的启发。

记者：一些怎样的启发？

李元发：我举个例子，比如说房地产很多过去我们一起合作的建筑师，很多房地产的大亨，他们做的项目都很大，他们接触的国际建筑师也很多，但是他仍然看到我们一些小品的时候，会感叹地问你为什么这么用，你为什么这么安排，所以对这些人来讲，都觉得这对他是一种感动，他的感受、感觉，一直到最后创造感动，而不是说他来吃吃农家乐，说农家乐好吃，或者躺在农家乐的炕上，不是这样的。

成就感不等于金钱

记者：能谈谈盈利模式吗？

李元发：其实就在"十一"期间。我们过去做房地产的时候，我们在商业不动产方面有一些研究。比如说在北京喝一杯咖啡，北京咖啡平均来讲大概 35 元，包括星巴克等，城市里的利润大概是 27% 左右，在我那里就可以达到 70%。原因就是我的各种成本都要比城里面便宜很多，最主要的是我能不能吸引很多客人。所以过去大家有一种误解，好像搞农业回报慢，回报没有城市里的一些投资快，当然它是一种。我要说的是，如果纯粹考虑金钱的因素，肯定它的回报没有城市里那么快，但是我跟我的员工收获了快乐和满足，而不是只有钱而已，不是只有那种事业的成就感，因为这些我都有，可是我试图让一个台商在北京，把这里当自己的家，我要告诉人家我在这边生根了，这种生根你必须找到一个很具体的、很实际的一种展现，过去他们会告诉我说，李先生你为什么不盖一栋楼，我觉得那个东西还不能代表我已经决定长期奋斗在中国大陆，或者是奋斗在我们自己中国这个地方，我觉得台商的另外一种，我们讲来中国大陆或者回到祖国来创业的这样的心境，应该找一种演绎的方式，台商会比较感伤，因为像我 1992 年进来，真的是感受到北京所有的变化过程，也就是说这 20 年是北京变化最大的一个时空，我都完全地参与在里面，所以非常清楚，当然也有很多遗憾，这个遗憾只在于会有一种比较，但是如果抛开这个东西，我认为真的没有遗憾，也就是说我一直都在按照自己的计划和选择在做一些让自己很高兴的事情。

专业的敏感度

记者：我通过跟您的聊天，感觉您有一种前瞻意识和规划意识，如果追溯过来的话，那么 1991 年的时候很多人还没有把目光投向大陆，那个时候您是怎么考虑的呢？

李元发：我不能说我跟一般人不一样，有很多人是因为当时在台湾已经有自己一些产业。我当时是这个样子的，我从美国回到台湾，我在台湾工作了六年半，我算是下海的人，在中国大陆也叫下海，我确实自己很用心地静下来想过，我的生涯规划到底要怎么走，因为我这年龄在台湾当时的企业来讲，不是说没有机会，我当时在台湾的资源已经是很成熟了，都被分配得有点儿垄断性，所以当时我在想，我一定要去一个我认为可以发挥得很好的地方。我 1991 年来到中国大陆，我先观察了几年，我是学高阶经营管理的，对数字很敏感，我当时就想，市场总是要看市场规模的，那大陆的市场规模很大，我觉得这是一个很好的发展环境。另外一方面，就是开发发展中国家，所以我觉得不管从哪方面来说，在大陆发展的机会都很好，所以 1992 年我毅然决然地说我要在中国大陆发展。

"三个十年"

在当时那种环境下，我很用心地做了三个十年计划，也就是说我要用三个十年的时间去建构我的事业规模，那我不仅仅是看到一个行业而已。我的管理理念比较特殊，未来我会提出，现在正在完善，我把它叫做五行的中国式管理，叫金木水火土，就是说未来中国真正发展好的企业，它应该是以金木水火土五种行业的性质来架构的一个集团公司。在中国如果要发展大规模的集团企业，单一的产业是不行的，所以五行是环环相扣的，所以你看美国企业发展到一百年、两百年以后，单一的产业是很难存活的，比如说全聚德你就做一个吃的，不行，你要不发展规模是不行的。我一直在研究什么是属于中国的这种所谓的企业经营的依据，我找了中国的五行说，就是金木水火土五种的行当你都要有，然后利用这五种行当把它循环起来，比如说金就是金融业，土是房地产，像木就是交易，水就是流通，或者是资源等，你要把五种形式结合起来，你要想到五种能够凝聚在一起的元素，利用这种元素捆绑在一起，这就是未来中国真正发展大规模企业的架构。我也是一直在安排，就是我要架构这五种元素，那或许有生之年我不一定完成，因为我们是处在中国改革开放的第一阶段的这些企业，我给我自己很好的心态，我认为不管是台商也好，是中国大陆的改革开放出来的这些企业家也好，其实我们没有享受的权利，我们是处在第一代的创业者，我们只有不断地去奋斗，这也是没办法的事情，因为我们的时代是这个样子。中国的企业发展还要经过50年、100年，所以20年、30年尽管是已经看到这么大的变化，可是我们没有很成功，我们还不能说未来就是一帆风顺，所以你只有不断地做，我经常也会勉励台商。有的时候我的父母亲都会告诉我，你不要这么辛苦，我说这不是累不累的问题，你处在这个时代，你的角色是什么，我们在台湾过去生活比较富裕，所以也不缺什么。当你没有这个"缺"的时候，你把所有的心力都放在你的事业上的时候，我们的事业就会很好。台商有两种比别人压力大的点，第一台商爱面子。你这么大老远来到大陆，或者是说回到祖国，你不能不成功，那种压力是很大的，你不敢回去。第二个在这边又是大家都看着你，因为你要为台商争光，你不能做不好，尽管很多批评，但是所有台商都很努力的。

坦白讲，当时我在这种综合心态下我就设定了自己的三个十年计划，当然我这三个十年计划不是有多大规模。第一个十年计划，当时我提出了几个口号，第一个是到哪里都要喊中国。我认为中国的发展不是我们在内部说你的企业多好多好，是整个中国要好，你才会好。到哪里都要喊中国。第二个我要告诉全世界的人说中国的理念，我们是必须很传统的，因为只有很传统才会变成很国际的，只有我们自己的东西才能国际化，所以我们讲最本土的东西是最国际的。换句话讲，中国刚改革开放以后，我们就要告诉人家我们就是很中国。

到哪里都很中国

记者：来到大陆以后，为什么会选择从事房地产行业？

李元发：对，这个很有意思，我给你讲个故事。在1993年，我做的第一个房地产项目是外销商品房 001 号，就是现在的鸟巢那块地，所以我第一个外销商品房，编号 001 号，又是被国家重大工程征收的第一个项目，所以很多人说，元发你眼光很好，当时你会挑奥运村那块地，所以当国家说申办到 2008 年奥运会要征收我们这块别墅区的时候，虽然我们不愿意，但是我们也很快乐，所以我每次告诉人家，鸟巢那个位置以前就是我家，我以前住在那里面，那个项目是我来北京做的第一个项目。

我们第一个项目是拿到美国去卖的，我在洛杉矶到挪威的高速公路上做了一个很大的广告看板，上面只有三个字"九鼎轩"，底下"anywhere is Chinese anywhere is China"，到哪里都很中国，大概我第一个十年就是以这个为目标，我告诉我的员工，我们自己要知道我们是中国人，做中国自己的事情，做中国自己的地产。

记者：这是您的第一个项目？

李元发：对，很勇敢，那时候人家说你很勇敢，坦白说，那时候年轻，有点儿莽撞。我也是从台湾的眼光看，再一看，天啊，这么大的设施。因为那时候亚运会刚办完，旁边那么大的场馆，公共建设那么大，台湾的场馆一般都比较小。八九万人的体育馆，这么漂亮的一个地方，我说这个地方除非中国不发展，北京不发展，它怎么可能不会好呢？我完全是从台湾的角度来看，我当时在想，这要在台湾那还得了，我当时就这么想的，因为你成长的环境就是那个环境，所以你做的这个专业也是依据你过去的经验来判断的，像我现在找的这块地，我 1997 年去的时候人家说，天啊，这个地方你也来啊，因为那个时候确实很差，你知道北京每年的变化都很快，那时候我去的时候他们都觉得很脏，所以我花了大概 70 万元整理这条路，所有的景观道路都种了树，所有的马路重新修过，现在人家说变化太大了，你要回馈，人定胜天，你可以改变那个环境的。所以当时我是从台湾的角度来看，太棒了，我刚才

中国创业者
采访本

Chinese
Entrepreneurs
Interview
Book

讲我现在选择这个山谷，也是这么看，我说在香山的后山，那就等于阳明山的后山怎么可能不发展呢，因为它是全世界独一无二的香山公园，这个山谷还跟它背靠背，同一座山，你说会差到哪里呢，是不是这样的。我记得我进来的时候，三环路还没有完全通车，那时候还在修，你看看三环、四环、五环、六环这种发展的速度都在你的眼皮底下过来的，所以你会知道说那就是曾几何时，就是指日可待。所以你问我说当时怎么会有这个眼光，我其实不敢讲，我当时就是赌的，我赌这个东西一定是好东西。我记得那个时候卖房子，我持续了五个月，一套房子都没卖掉，不瞒你讲，那时候已经开始有点儿紧张了，天啊，再这样下去怎么办？因为我们那个别墅区最便宜的一栋是110万美元，最高180多万美元，就卖不动，但是我很有自信，所以第一套还是台商买的。

我那个项目一平方米3600美元，以前整个鸟巢是10.6公顷，就只有26套别墅，因为它是在一个大公园里面，很少人知道，整个城市中央就剩那么一块公园在里面，里面有两个人工湖，还有一个现在的娘娘庙，娘娘庙就在我们西边，围墙单独围起来，现在鸟巢前面那个水池还是原来我们人工湖改造的。

放长眼光　抓住机遇

记者：有过艰难的时候吗？

李元发：最难的就是互相理解。当时我是跟现在的北辰集团合作，我跟他们签合同的时候，他们也没有跟台商或者是跟外资合作房地产项目的经验，所以从另一方面来说，这也是一种创新，我当时并没有抱着要赚多少钱，而是一定要把这个项目做成功。那时我觉得成功以后的销售应该是大势所趋，这就是中国改革开放的进步所带来的机会，当时有一种加法，就是A+B，就是说我扮演 A 的角色，那整个中国大陆改革开放的那种进步是代表 B 的角色，所以这两个加起来，OK 它就成功了。那这种成功绝对不是 A 他就能创造的成功，不是这样子，我觉得很多人都享受了改革开放的成果。

记者：我在想当时 B 是在大环境下出现的，他可能整个都是一个向前的态势，那其实说如果每个个体 A 和 B 之间没有比较好的互动的话，它可能也延伸不出来。

李元发：当然是这样子，因为很多人当时很胆怯的。但是我也有过不成功的经历。1996 年我就开始成立网络公司，虽然我没有很成功，但是我觉得那时候非常快，我记得成立公司时，信息产业部还没有成立，当时叫电子部，我从美国一回到北京，我同时成立了六个网络公司，当时觉得成立网络公司很好玩，我成立了一个中国中药网，我认为中药是中国自己的，我成立了中国不动产网、中国娃娃网、中国建设信息网、还成立了中国高尔夫网。

当时我去美国已经看到那种趋势了，就是 IT 产业的发展已经开始了，所以我回来，把房地产放在一边，整个公司投入网络里面，当时想做一个中国的网络集团公司，我那时候比较骄傲一点，所有的风投来找我，我认为没必要，就是自己企业这个样子就足够了。这个东西确实烧钱烧得厉害，我失败的原因就是网络不是我的专业，那个时候的网络它需要一些现身说法，它只是有一个经营理念是不行的，现在当然有成功的案例，比如阿里巴巴。那个时候我认为我就是一个老板，组织了很多专业的人，聘请了很多从美国回来的一些人，但并没有做成功，应该说快了一点，因为那个时候要把房地产上网，这个实在是太快了，你说教育要上网，到现在也没上过网，还是在现实的学校里面念书。所以我觉得太快了一点，但是没有遗憾，用钱换了一生的经验。我经常会告诉人家说我很早就在玩儿了，但是玩儿得很失败，其实就跟做生意一样，你总是有赚有亏的，我没有觉得说我亏了多少钱，我记得

中国创业者
采访本
Chinese
Entrepreneurs
Interview
Book

应该亏了有七八千万元，大概到目前为止不觉得痛，反正那个钱是赚来的，你会觉得说最宝贵的还是有这么个经历。

中国是我坚持奋斗的地方

记者：那接下来的计划是什么？

李元发：第三个十年还没有开始，是那时候我自己的一种目标。我的第三个十年计划的口号是中国是我坚持奋斗的地方，所以从"到哪里都要很中国"，"中国有多大九鼎轩告诉你"，"我们到中国是我坚持奋斗的地方"，我利用这三句话去勉励我自己，去勉励我的企业，甚至有机会的时候去勉励我所有的朋友。我们今天在中国大陆发展的所有的企业家们，一定得记住这块土地是我们坚持奋斗的地方，我自己做房地产策划，我认为没有比这句更经典的话了，所有中国人都要记住这块土地真的是我们要坚持奋斗的地方，不管是现在，还是以后都要坚持这个理念。这样一个决心是一种传承，否则我们不可能有5000年历史的积淀，不可能有5000年的文化，我们还得继续，而且在进步的世界的舞台，我们更要迎头赶上。这样子的意念，会让我们在碰到很多困难的时候，会觉得说尽管我们个人很渺小，但是我们的内心很强大，可以迎接很大的挑战，所以我会乐此不疲。

大心境 大抉择 大前途

记者：看到刚才你说这句话的时候是闭着眼睛的，我能感觉当中这个里面有一种坚定的意味在里面。

李元发：我给所有在北京的一些职工，用这些理念去勉励他们，这可以让他们心很大，心胸很宽广。我觉得给人家一份工资，还不如给人家一份愿景，给人家一种心气。所以这三句话已经是我们公司企业理念了，是企业文化，我没有告诉他们说一定要诚信，我没有告诉他们那些一般企业经营的那些原则，我告诉他们的是中国人的那种境界，中国人先要有那种底蕴，你那种境界有了以后，其实那些规章的东西就很容易了，反而是理念的东西，这种境界的东西是你很难去讲的，需要有这种心气的。所以我们公司所有员工进来第一件事情我就让他去想。我们公司有一个很大的特殊就是我不是要培养很多的员工，或者是高级经理人，我是希望培养很多老板。我们企业是两种人我不留的，第一个只要告诉我说他要去念书，我不留，念书你不能阻碍人家学习，第二个你要告诉我说我要去当老板的，赶快走，但是如果说你要跳槽去别的公司还是继续干同样的工作，我就不是很高兴，因为我认为我的公司已经最好了，这个好就是我的心态，当然不是说工资待遇，你在我这边所得到的不仅仅是一种工资的收入，而是一种别人所没有的那种气势，是告诉你怎么样去扮演一个中国的企业的这种决心，你知道这种决心后，你后面的东西才会一帆风顺，我刚才讲从 A+B 开始，但这种理念是 A×B，所以你这两个数都不能为零，A×B 一定要两个数都是大数，两个大数相乘才会是大数，所以你选择的行业，加上你的心境这两个大数相乘的时候，你的前途是光明的。

我比较愿意用这种心态去面对，理解事情，尽管我今天是做一个农业的项目，我都是用同样的心态，我也认为未来中国最有前途的行业就是农业，全世界未来最有潜力的行业就是农业。当然这种趋势好像也有很多人看到，比如现在很多网络的大亨，你听过他们养猪吗，高盛就去养猪了。其实不能简单地去看这个问题，而是这个行业需要更多其他领域的人来介入，所以台湾的农业比中国大陆的农业提早了 20 年，那是怎么样来提早的？就是参与农业的力量不仅仅是农民，他们更年轻了，知识程度更高了，企业参与的力度也更大了。因此，不管是我也好，还是其他的企业也好，不参与农业的发展，中国的农业还是落后的，还是没有竞争力的，这就是台湾农业成功的很重要一个模式。我扮演一个企业，我用做房地产的经验，我所学的知识去帮农民一把，不敢说会有翻天覆地的改观，但最起码也是一种新的颠覆，这种颠覆不一定要很大，但最起码也是一种改变。

记者：您总结您的性格是什么样子的？

李元发：非常不稳定，代表我很有活力，现在还是属于一种不稳定，属于一种热血沸腾。

语 录：

每个事情有它必然的道理，每件事情只要你努力，只要你往前面看，就会变得更好，我只能算是比较幸运的人。幸运不是上天给你的，幸运是你自强不息，往正确方向努力的结果。

过去的东西不代表未来，未来才是我们的使命，真正能给生活带来什么价值，这是最大的荣誉，也是我这一生的追求。

中国创业者
采访本

Chinese
Entrepreneurs
Interview
Book

唐彬，易宝支付首席执行官及公司共同创始人

创业者档案

唐彬，易宝支付首席执行官及公司共同创始人，美国斯坦福大学电子工程硕士学位和南京大学物理学士学位。有多年在硅谷进行软件研发和管理的经验。创建公司前在 Embrace Networks 公司领导了服务器性能与延伸性项目。

记者印象

唐彬很真实，在我跟他面对面交谈的过程中，我很深刻地感受到他内心的情绪感受，特别在谈及他的家人、他的梦想时，眼角的湿润和哽咽的话语展示了这个众人眼中的青年才俊的另外一面，这一次我被他打动，却不仅仅是因为他漂亮的履历：15 岁读大学，20 岁进入美国斯坦福大学攻读硕士学位，23 岁完成学业进入竞争激烈的硅谷，29 岁创立了第一家企业，并带领企业发展壮大。唐彬说这一切缘于幸运。我想到底是命运的垂青还是他内心的选择，抑或是他那种质朴的气质还是真实的情感呢？就让我们一起走进这位"幸运"的创业者吧，他叫唐彬。成功是必然的吗？我想没那么简单。

『幸运』的创业者

——对话易宝支付首席执行官 唐彬

个人成长记

记者： 能讲讲您的成长环境吗？

唐彬：其实不是说非常好，但是绝对也不是很清贫。我的父母是公职人员，但我从小就生活在乡村，环境很安宁，父母都很慈爱，整个生活环境非常自由，无忧无虑的，在大自然的生活环境里面钓鱼、挖野菜，那样的环境我个人认为非常非常有利于性格的培养。

记者： 培养了您什么样的性格呢？

唐彬：就是对自由的热爱，对事物本质东西的追求，不会被表面的东西迷惑，因为你跟最自然的东西接触，跟鱼、跟花、跟地、跟草，不像大城市里面，生活在一个小的空间里，看到的都是车子，看到的都是一些非自然的东西，我认为生活在这两种环境里感受是不一样的。

记者：没有束缚，也有很多的乐趣。

唐彬：对。我还有一个哥哥，一个姐姐，所以我得到的关照也比较多一点。

记者：父母对您的成长有哪些积极的影响？

唐彬：父母对我的影响是潜移默化的。我的父母很忙，因为有三个孩子，而且还是公职，所以他们对我们相对的比较放任、信任，但大的方向要求很严格，我记得我父亲就只打过我一次，那一次因为我跟别人打架。

他们对我最大的影响就是言传身教，这可能跟他们的经历有关系，我父母非常的厚道，也很有爱心，没什么小心眼儿，我也遗传了这一点，尤其在现在的社会环境下，跟有些人看重的东西不一样，大家可能看重利益，我们可能不看重，大家不看重的我们可能很看重，我们看到的都是一些最基本的东西，本质的东西。

记者：您当时上南京大学的时候好像才15岁。

唐彬：对。

记者：成绩怎么会那么好呢？

唐彬：我认识的一些人里面考高中、考大学非常辛苦，但是我是顺理成章，充满乐趣，自然就考上了。

我当时上大学准确地说应该不到15岁。我觉得我能考上大学有两个主要原因，一个是家庭对教育很重视，因为我母亲是教师，另一个我自己觉得学习是种乐趣、探索，学新东西，我没觉得有任何压力，而且我还跳了两级，初三和高三都没有读。

记者：那么早读大学会不会不适应？

唐彬：怎么说呢，因为这种经历不能复制，我也不能说是好还是坏，对我而言好比坏多一点，毕竟通过这个环境我学了很多知识，认识了很多很好的朋友，并且顺利到了美国最好的学校，再毕业、工作、创业，这一路还是很顺畅的。总体而言，我觉得这是好事。当然我也学到了很多东西，在南京大学的校园里我学到了朴实，南大的校训是诚朴雄伟、励学敦行，就是说要非常诚信淳朴，弘毅自强不息，到了斯坦福我学的更多的主要是西方的东西，如自由平等，斯坦福校训是让"自由之风永远吹"。

我说我很幸运，上南京大学不是我的选择，是我父母帮我选的，现在看来非常符合我的性格。上斯坦福是我自己选择的，是更理性的选择，斯坦福是美国西海岸的代表，而且是高科技、创新，自由之风盛行之地，所以我觉得我很幸运，这两所大学和我的教育、我的追求是非常契合的。

当初会选择斯坦福是因为我比较喜欢西海岸的人文环境，它更加创新，更加开放，代表的是美国"二战"之后的一个大方向。斯坦福的学校不大，当时加起来才14000多名研究生和本科生，但是每门学科，不管文科、理科都是美国数一数二的。斯坦福环境很轻松，学习很紧张，像周末，放假的时候，可以开车去外面旅游，或者跟朋友一起去滑雪，去野营，那段时光也是我非常怀念的时光。

怎么说呢，我不知道怎么衡量这个东西，我是个乐观主义者，我认为每件事情都有它必然的道理，每件事情只要你努力，只要你往前面看，就会变得更好，我只能算是比较幸运的人。

记者：幸运一直光顾着你吗？

唐彬：我希望是这样。其实这个过程中也有很多曲折性的东西，也有很多压力，很多不被理解的东西，但是因为你是乐观主义者，你总是往好的方面看，往好的方面努力，就发现有一天事情自然往这个方向走了，所以说幸运不是上天给你的，幸运是你自强不息，往正确方向努力的结果。

记者：同样很幸运的是，您毕业之后就去了硅谷，这是很多人向往的地方。为什么会选择去硅谷工作？

唐彬：对，在硅谷，在美国公司我学了很多东西，也认识很多朋友，我的投资人就是在第一个公司的直接上司，硅谷公司讲究的是创造，非常平等自由的风气，在那两个公司我的生活相对而言很舒适，也有大量的时间和家人一起去旅游、去野营，包括开着船去钓鱼、去滑雪等。

记者：我听很多人说在硅谷工作压力挺大的，很多年轻人不断地进来，又不断地出去。

唐彬：看你怎么看压力，我觉得人的快乐需要成就感，当然压力也非常大，因为要求非常高，标准也非常高。

记者：有多高的标准？

唐彬：在硅谷的标准就是全世界最高的标准。我在第一个公司做软件，就是全球芯片设计的黄金标准，全球最高的标准，不是说美国最好，而是全球最好，这是唯一的标准。

我开始是设计软件，做芯片设计软件，后面更多地转向用这个软件给大企业做模型设计，因为我还学过物理，会设计模型。我们做的所有的工作都是这个领域里面最高水平的，这会让你有成就感，会让你成长，你的压力也就变成动力了。

硅谷是真正的大熔炉，尤其是硅谷创业型企业和高科技的企业，囊括了各种背景的人，硅谷典型高科技企业50%以上是来自世界各地的，有华人、有印度人、有墨西哥人、有欧洲人，大家都很开放包容性也非常的强，那个时候真正衡量的标准就是你的业绩。

记者：您说你现在的投资人是您的第一个老板？

唐彬：我们关系非常好，他非常理解我。

记者：他是什么样的人？

唐彬：他愿意授权给下属，也很信任下属，这个领域他不是很懂，我加入公司没多久，以前的老板就离开了，他是后面才过来的。

整个硅谷不像国内，老板跳你就马上跳，我重视我的职业，不是重视某一个人。他跟我们交流过程中，他不知道的东西很坦然地承认不知道，放手让我们去做，大家一起把事情做好，这个氛围非常好。

记者：您说当时物理系毕业后，想找一个在物理领域能发挥您特长的最好公司，您觉得这家公司是吗？

唐彬：这家公司绝对不是我选择里面最大的公司，甚至也不是给我钱最多的公司，因为他是没有上市的企业，当时选择这家公司我觉得有两个好处，第一点就是它快速成长，会让我成长得更快，第二相对这样成长型的企业会给我更多的想象空间，在硅谷你如果毕业去 IBM 或者大企业，尤其从斯坦福毕业，我觉得不是最好的选择，你应该去更加有创造力、有挑战性的企业。

记者：可您在第四个年头跳槽了。

唐彬：对，四年之后我跳槽了。这个公司后面被另外一个公司买了，我又待了有三年时间，所以应该说这个企业我从 1996 年待到 2000 年将近有四年半左右的时间，已有一定经历了，我想做顾问，利用我这段时间积累的知识去帮助一些企业，但是我又不愿意和一个企业捆得太紧，我需要一段时间的思考，

中国创业者
采访本

Chinese
Entrepreneurs
Interview
Book

那个时候我成立了硅谷无线科技协会。

记者：您需要一段思考怎么理解？

唐彬：因为平时工作非常的忙，很难有大段时间去思考。

记者：会忙到什么程度。

唐彬：早上9点上班，到晚上7、8点才下班，周末还好，可以出去游玩。工作了四五年，你沉淀下来了，也积累了相当多的工作经历，那段时间我花了三个月做了几件事情，第一件事情是自己做顾问，薪酬很高，一个小时几百美元，但它不是我长期的职业生涯，另一方面我花时间去思考，同时成立了硅谷无线科技协会，我是创始人和会长，这也可以说是我人生的转折点。

建立属于自己的平台

记者：您刚才说做顾问收入不菲，为什么不能是您的长期职业？

唐彬：每个人性格都不一样，我的性格不是简单地做顾问，我的性格是创造一个平台，要持久产生一项利益。

记者：您的平台就是协会？

唐彬：协会建立了交流的平台，通过协会认识了我创业的合作伙伴。

记者：这之间的联系是怎样的？

唐彬：我知道国内的无线互联网兴起于20世纪90年代末，2000年左右成长非常快，当时我在想，能不能建立一个中国和美国交流的无线平台，把硅谷的无线方面的专家或者大的企业和国外相关的资源整合起来，所以找了几个硅谷的朋友，大家一拍即合，成立一个协会，这个协会很有影响力，通过这个协会我也认识了我的很多朋友，包括合伙人和我的投资人。

记者：协会在美国成立容易吗？

唐彬：美国成立协会非常容易，只要大家有共同想法，不需要注册就可以马上成立。

记者：协会的规模怎么样？

唐彬：从零开始到现在大概应该差不多有四五千专业会员了，在硅谷是无线领域有影响力的无线协会。

记者：硅谷应该有很多这样的协会吧。

唐彬：硅谷有很多，应该有十来家，但是无线领域的很少，我们做的是最有影响力的，中国硅谷工程师协会，大概也有四五千会员，像华人协会，有很多企业家、专业律师、会计师事务所建立的协会。

创业源起

记者：成立协会后如何找到创业的契机？

唐彬：当时还真没想成立这个公司。2002 年的夏天，我带领协会组成高科技代表团，就是无线方面的专家和创业者到国内来访问，发现国内的支付环境非常非常麻烦，买个机票拿几千元人民币在酒店等着付现金。手机充值更惨，我第一站到深圳银湖度假村，我的手机买充值卡买不到，第二天晚上到天津，我打车 20 多分钟到一个卖手机的地方才买到充值卡。那个时候我深刻意识到在中国支付还存在很大的问题，回美国之后就花了点时间研究，2002 年年底开始决定做，2003 年 SARS 之后拿到一笔钱来到北京，现在回想起来，SARS 之后大家认识到非面对面交易的正常性，那个时候百度一下起来了，阿里巴巴也起来了，我的人生轨迹回想起来只能说幸运。

记者：现在回过头来看，可能也还是 SARA 带来的创业机遇？同时也要有硅谷当年的经历。

唐彬：硅谷我觉得是一个充满梦想，也充满实干，大家之间互相平等的这么一个环境，能够让奇迹产生的一个环境，也是最高标准要求自己的环境。硅谷追逐利益，但我认为硅谷更追求改变世界，像苹果，像思科，像 Google，硅谷的企业是优秀的代表，还有很多更小的企业本质也是这样，不是简单为了钱，钱很重要，但是有比钱更重要的东西，这就是硅谷的精神，超越钱的吸引力。

我 2003 年创业的时候，硅谷已经有两个支付企业上市了。中国当时也有一些支付企业，但是相对来说，缺少那种创造力，中国支付的大环境还没有起来，2003 年正好我认为是一个引爆点，因为 SARS 让大家意识到需要非面对面的交易，那个时候创业我觉得也是机缘巧合吧，不是我个人愿意选择那个时候，是命运选择那个时候。

记者：所以 2003 年开始跟合伙人创业。

唐彬：我们是在夏威夷认识的。我那个协会 2002 年的时候在夏威夷举办了一次无线方面的峰会，把国内和硅谷的运营商，无线方面的企业代表请到夏威夷去了，那个时候认识的。

那个时候刚认识，还没有一拍即合马上做这个东西，慢慢地了解他更多，尤其我也知道他的能力，包括他的背景，大家在一起做事情成功的可能性更大，所以在一起努力做了。

记者：我觉得这其实是个双向的选择，您选择他的时候，他也选择了您。

唐彬：第一他对这个事情感兴趣，第二他对我这个人放心。

记者：2003 年在国内成立了公司。

唐彬：2002 年的时候我们有一次回国考察访问，那一次我深刻感受到支付在国内是很麻烦的事情，手机充值买卡很难买，买机票在酒店等着付现金，非常麻烦，后来我知道有人交水电费、煤费需要在银行排队，有这么大的问题需要解决，这是我创业的源头。

创业初期的"瓶颈"

记者：创业不是说一拍脑袋就创了，创业肯定有一个步骤，先到国内考察完市场，还要了解国内基本的情况，而且特别重要的是资金，您当时资金充足吗。

唐彬：资金非常艰难的时候是 2002 年、2003 年，那个时候拿钱非常不容易，但是我幸运的是，我以前的那个老板，他信任我，毫不犹豫拿出资金，有了起步资金之后再融多一点钱就启动了，资金是不太够的，我们有段时间资金是非常非常紧张的。

2003 年年底、2004 年年初，那些钱不到一年时间就用光了。2003 年年底、2004 年年初的时间，那段时间非常感动，我们公司的管理层很多人只拿一半工资，甚至有人拿得更少，过了几个月后，又拿到钱渡过难关。大家认同自己做的事情，也显示出这么大的凝聚力，在中国大环境里大家看的不是钱，我们的小团队更多看到的是理想和事业。

记者：后来资金逐步到位了吗？

唐彬：对，后面是我硅谷另外一帮朋友，他们投的几百万美元，所以我说大家对你的信任是无价的东西，要不你很难做创业者，因为创业者需要资金，需要支持，需要很多理解。

记者：其实互联网需要大量的资金投入，作为投资者他需要看到的是什么？

唐彬：投资者需要看到回报，但是如果他是你的朋友，真正地信任你这个人，他需要看到回报的同时希望有机会让你成长。我的第一个投资者，即便他的投资没有得到回报，但我相信他不会后悔，就像易宝上市之后，我投 100 万美元给我信任的人创业，他失败了，只要他成长了，我不后悔，因为你投入的时候回报不是第一位的，你希望有回报，但是你更信任这个人，希望他成功，希望帮助他成功。

记者：您当时应该不是这么说服您的投资者的吧。（笑）

唐彬：我当时真的没有花多长时间去说服，他是基于对我的信任才把钱拿出来，他会把资产 5% 的钱或者 10% 的钱给你去做，他能够承受，国外跟国内的环境不一样，国内的融资环境太恶劣了，可能让你的房子作为抵押，在美国不需要的，他有这个闲钱。

记者：会有压力吗？

唐彬：这是当然的，其实对我来说信任的压力比物质的压力更大，人家信任你，但你要值这个信任，这就是我最大的压力。

记者：所以您在运用那几百万美元的时候可能更慎重一些。

唐彬：对。

记者：当时拿到几百万美元你先做了什么？

唐彬：最开始是人，我们把人招过来，然后开发产品，我们开发了两年才对外服务，早期都是着手准备招人做研发的。

记者：两年的研发时间，这个过程肯定很辛苦，在这个过程中您内心有过怎样的挣扎？

唐彬：这两年肯定是很痛苦的，最大痛苦就是找方向。最开始做移动支付，我在硅谷成立移动协会，但是做了一年发现移动支付时机不成熟，整个运营商还太封闭，当时智能手机太少，然后找了一年之后 2004 年才明确了移动支付太早，当时不能做，所以转向互联网，再花一年多的时间把系统开发出来。

记者：当时支付了多少费用？

唐彬：当时基本用所有钱支持研发，开始团队才 20 来人。

记者：现在有多少。

唐彬：将近 1000 人，研发占了三分之一。

记者：明确了互联网的方向，也研发出产品来了。

唐彬：产品研发出来，无非是把它推广出去，还有易宝的定位。当时我们推动这个服务之前，很多支付企业已经做起来了，北京有首信，还有上海银联，支付宝也开通了，当时我们在想一定要有差异性，要不你后发怎么制人呢？后来我们觉得像支付宝这样的企业更多的是解决诚信问题，在中国尤其是淘宝上的交易，服务的对象缺少信任，所以需要担保，我发现国内很多的大行业，像航空、像电信、像行政教育考试，他的支付很麻烦的，手机充值很麻烦，买机票现金也很麻烦，所以我就把易宝定位为行业支付专家。这个定位很清晰，阶段性初步成功，易宝在行业里是这个行业的代表，也是主流支付里面率先实现盈利的。

差异化的企业竞争战略

记者： 除了是"行业"支付这点定位的不同，您觉得易宝和其他的支付企业的区别还有哪些？

唐彬： 其实最终我觉得企业与企业的竞争一定靠差异化，是企业内在的与众不同的东西。要不人家凭什么选你，差异化靠什么，从用户的角度就是产品服务。直截了当的，用户能感受到的，再深层的就是企业的文化和它的使命，是最内核的东西，就是用户通过产品服务的感受。

易宝的文化是比较独特的文化，我觉得我在美国高科技企业做到一定程度了，衣食无忧，家庭幸福，完全没必要回来创业，创业很艰难，很多朋友劝我不要回来，因为我这个人是很简单的人，回来主要是觉得是巨大的机会。互联网和金融结合，可以改变生活，充值也好，缴费也好。这个情况下，我回来做企业绝对不是为了赚钱，我在硅谷可以赚钱，虽然不能说太多钱，但起码可以生活得无忧无虑。那个时候回来就是希望做与众不同的企业，从文化的角度，从做事的角度都有自己独特之处的企业。我在硅谷那儿待了 10 年，我个人认为把硅谷追求自由、责任、平等、创造的文化和国内的大市场结合起来，就是一个与众不同的企业，易宝的文化就是东西方文化的结合。

记者： 这种结合会带来怎样的优势？

唐彬： 非常有挑战。应该说在这个过程中也犯了些错误，西方的文化，尤其是我说的硅谷的文化和大环境大市场不是完全契合的，咱们整体的环境还是浮躁，追求短期利益，人与人之间更多的是不信任、设防，而不是信任，我在西方那几年接受的文化是人与人之间很开放，首先是不设防，我信任你。这个文化冲突在早期的时候走了一些弯路，被人骗过，被人利用过，当时我也思考是不是因此改变它，后来觉得不应该改变，这种文化的精神不应该改变，但是方法可以灵活一点点，必须坚持开放的、分享的、信任的文化，这个是基础，没有这个基础，企业就不是易宝，也不是我所追求的。就算成功了，赚很多钱，那是金钱上的成功，而不是企业的成功，这个路还得我们选择。尽管它跟大环境有些地方格格不入，尽管它还有可能被利用，但是我不能因此改变它的基因。

谈家庭

记者：很多朋友劝您不要回国，但是您坚持了自己的想法，当时家人支持您的这个决定吗？

唐彬：在家庭和事业兼顾这方面我有点儿遗憾，作为创业型的企业，家庭和事业很难兼顾，必须某方面有所牺牲，我在家庭方面做出了很多的牺牲。如果给自己打分，作为一个企业家、创始人还是称职的，打80分，但是作为一个丈夫是不称职的，不能及格，作为父母刚刚及格，我愿意花时间，对小孩非常好，但是时间确实不够，没有时间的话难免有些东西你做得不到位。

记者：他们有怨言吗？

唐彬：肯定是会有的，比如说有时候很多事确实做不到，你周末承诺带他们去哪个地方放松，去玩，但有时候有急事，不能去，而且这还不是一次、两次，所以觉得很愧疚，但是我真的是没有其他的选择，你作为企业的核心，你必须担当，所以说如果以后易宝有大成功的话，那是家庭的牺牲换来的。

记者：能讲讲她吗？

唐彬：她在美国学的MBA，在美国的大企业工作过，应该说职业也是非常不错的，她为了家庭，也是为了支持我，就把家庭和孩子搬回来了。在家带小孩子，这绝对是支持和牺牲。

记者：您也更有干劲儿了。

唐彬：当然了，但根本支持我的还是这么一个事情，通过"交易服务改变生活"。

梦想——让支付给生活带来价值

记者：支付，为什么会让您投入这么多的经历去付出和奋斗？

唐彬：支付到底是什么东西？很多人看它是一个工具，其实这只是它最表面的东西，支付本质上是交易中的核心环节，因为交易没有支付不能完成。再看远点，交易是你生活中很重要的部分。一个人生活中肯定有信息需求，有交流和娱乐需求，前面两种已经有公司解决了，像信息需求谷歌解决了，交流、娱乐，像腾讯这样的企业解决了，但是交易还是散乱的，今天在中国，包括在美国，做交易的时候，你作为一个个体，一个很弱小的力量去打电话给保险公司比较保险或者买机票比较机票，信息不对称，你是微不足道的一个个体，你谈判的权利都很小的，为什么不通过互联网把个体聚合起来，让个体的力量更强大，信息更对称，让生活更好呢，我个人坚信这是支付公司的未来。

支付公司不是工具，是生活的一个平台，基于这个理解，我觉得支付能做的事情太多了，跟生活联系在一起是没有止境的，因为商业最终还是为了生活，不管你生意多好，一定给生活带来价值才有意义。

记者：您提出的"绿色支付"是什么样的一个概念？

唐彬：这其实也是基于易宝的两个理念，我们一直把易宝看成绿色的支付工具，安全、便捷、低成本、高效率，但是他的目的不是为了支付，是为了生活，我们的理念叫做绿色支付。快乐的生活有两个需求，一方面是物质的需求，一个方面我觉得是精神需求。我要买书，我要买花送给我太太，我通过互联网到当当、腾讯也好，买了书，这是物质方面的享受，但是人还有爱心方面的需求，比如说汶川地震的时候，你看到那些人在受难，你能帮助他们，为什么不帮助呢，可以1元钱、10元钱、100元钱等任何的方式，但是太麻烦了，你跑到红十字会交了钱，钱交了之后也搞不清楚到哪去了，不透明，为什么不通过互联网，非常快速便捷透明地把钱捐给这个项目，甚至你可以投票说这个钱是要用来建学校或者其他用途，互联网的每笔交易都留下交易，你可以查找，非常的透明，所以我觉得支付一方面是物质的，买个东西，一方面是精神的，得到爱心享受。2004年年底我们的易宝测试版还没正式上线，但是发生了印度尼西亚海啸，我们就主动打电话给北京红十字会，我们这个平台可以通过网络给印度尼西亚海啸去捐款，从2004年开始到现在，一系列的事情，像2008年年初的风雪救援，2008年5月份的汶川地震，后面的台湾风暴，海地地震等，一系列都参与了。

记者：嗯，这就是绿色支付的概念，易宝经过这几年的发展，您觉得支付体系中它还什么需要完善的地方吗？

唐彬：在中国支付快速成长的过程中肯定碰到成长的烦恼，就像小孩子从刚生下来，要生病，要开始爬，要摔跤，然后慢慢成长起来，支付也是一样的。比如说这个过程中从小到大可能不被理解，或者被赋予了太多的责任，或者会有一些不可避免的事情出现，比如说一些涉嫌灰色的事情，甚至现在还有，但是作为支付企业的我们，尽可能地杜绝它，但是从另外角度想，它也是发展过程中不可避免的一个环节或者一个过程，关键是怎么尽快渡过这个过程，通过内部的控制，通过教育，通过社会的力量，形成同盟，把这些问题更好地解决，所以说一个新事物的发展是要和大环境契合的，另外也需要大环境的教育，大环境的帮助。

记者：有很多的烦恼，但是也有很多的鼓舞不是吗？

唐彬：首先是高兴，毕竟有人认可，但是另外觉得也没什么了不起，为什么？因为这是过去的东西，我现在更多的是要看未来，给我带来短暂的高兴的同时也给我带来很多的期望和压力，未来要怎么做，才能真正地对得起这个荣誉。过去的东西不代表未来，未来才是我们的使命，真正的能给生活带来什么价值，这是最大的荣誉，也是我这一生的追求。

运气 + 信念

记者：还有家人、朋友、合作伙伴他们的支持。

唐彬：对，但是我觉得最重要的还是信念，你对你做的事情发自内心的认可，其次就是你说的朋友的支持等，我把他看做运气的一部分，你幸运有这么好的朋友，你幸运有这样的家庭支持你，运气加信念，其他就是实干、坚持。

记者：在这个过程当中，您最幸福、最后悔、最感叹的事分别是什么？

唐彬：最后悔的事我想不起来，因为我是乐观主义者，我认为一切发生的事情都有它的道理，关键是你要往前看。最遗憾的事情就是给家庭的时间太少。最幸福的事情是让客户发自内心感谢易宝，这个我认为是最幸福的时刻，易宝发展过程中也有不少这样幸福的时刻。

肯定这个过程中有过沮丧，而且不止一次，但是我确实没想过要放弃，这可能与我的乐观主义精神有关系。我觉得湖南人有两种东西在我身上体现得淋漓尽致，一种是理想主义情怀，就是说他要做个事情，希望这个事情会有很大影响力，也就是敢为天下先，天下兴亡匹夫有责这种责任感，一种就是不放弃的精神，这两种东西结合起来就能创造奇迹。

记者：现在的企业处于怎样的阶段？

唐彬：架构比较完善，但是现在易宝是从小企业到中型企业的转变期，架构也还需要调整，员工的整个素质各方面都还需要匹配起来，这段时间是很辛苦的时候。既然我是 CEO，那么我就要承担这个责任，但是我的权力不是给自己服务的，比如说星期三上午我在家里办公，实际上是让我有一段时间很深入地思考很多问题，这样对企业也很有帮助，这个权力是能够让人放松的。另外还有很多放松的机会，比如说跟很好的朋友在一起聊一些事情，或者看看书，放松的机会无处不在，工作本身到了一个极致也是一种放松。

记者：您为什么不给自己设个办公台呢，其实那也是一种特权。

唐彬：因为我觉得首先是咱们作为互联网的企业，我希望把硅谷比较平等的文化带过来，我想跟大家尽可能的平等，在物质方面平等，不平等的是责任和决策的权力，责任与权利是成正比的。后来我有了更深的了解，我的董事会里面有一些是惠普的全球高管，他跟我谈到惠普文化之后，我发现开放办公室还有一个更好的好处，就是说如果我是一个大办公室，我把门关了躲在里面，人家很难和我交流的，我的同事害怕连敲门都不敢，我完全开放，这样大家随时可以交流，我这么做，那么我的副总裁、总监他们也必须这么做，这样就形成以身作则的这么一种风气。

记者：您对企业内部文化有怎样的倡导？

唐彬：我跟合伙人一起创造的这个文化，一方面是让大家能够在很轻松的环境里面工作，因为工作确实很辛苦，竞争对手也很强大，客户要求也很多，但另外一方面我是希望做的东西能够有一种理想主义的东西在里面，把理想主义情怀和工作结合起来，如果一个人工作只是为了赚钱，只是为了做事情，我总觉得缺少了一点东西，但是如果你能上升一点点，把它上升成一种情怀，那就不一样了。罗素有一篇文章我很欣赏，他说为什么生活，他说他的生活是三个东西，我非常的欣赏。一个是生活中有爱，爱能让他暂时忘却了痛苦，生活中可以追求知识，知道天上的星星为什么闪烁，知道为什么数字这么有力量，让他可以充满智慧，还有一个最重要的，也是让他最无奈的，就是世界充满了苦难，他希望能改变，他尽量去改变，虽然他知道他最后可能也是无能为力，但是他还是去改变，第三个是忘掉自己很多东西，包括自己的痛苦，自己小小的野心都暂时忘记，人有时候需要忘记自己，过分拘泥自己就太固执。我非常欣赏他的这三个观点，我也希望把这些情怀和我所做的事情结合起来，这样的话，我相信易宝终究有一天会成功的，当然这个成功不只是说它能上市，能赚多少钱，还有很多其他的东西在里面。

谈互联网

记者：刚刚说到互联网，您对互联网行业有怎样的总结？

唐彬：我觉得互联网是一个充满想象空间和奇迹的环境，我回国最重要的原因还真是因为互联网，如果没有互联网，我知道我很难成功。因为我所追求的东西太庞大，我的性格跟传统的环境格格不入，太简单、太直率，有时候很多问题，很容易被人误解，但是互联网是完全开放的，互联网是平等的，互联网是自下而上的，互联网是越分享越富有的，传统社会越分享越少，它是分享了物质，互联网分享了精神，所以易宝有一个会议室叫分享，我写了句话叫"越分享越富有，越分享越快乐"，这是完全跟传统不一样的。

记者：现在的股权分配情况如何。

唐彬：投资人占一半左右，其他是团队的。

记者：投资人占多少？

唐彬：投资人差不多 50% 左右。

记者：有几个？

唐彬：投资人很多了，像英特尔、华为，通过机构投的，都是世界一流的投资人。

记者：它是怎么运作的？

唐彬：我们这边基本上通过像基金的方式去做一些短期的投资。

记者：现在有上市的想法吗？

唐彬：上市不是我们的目标，但是我觉得随着这个市场进一步发展，随着规范牌照事情的进一步明确，上市应该是一个比较自然的事情，但确实上市不是我们的目标，我们做这个事情不是为了上市，是为社会带来价值，丰富人们的生活。

记者：您太太会怎么评价您？

唐彬：我是一个感情丰富，但感觉迟钝的人，让人又爱又恨，她知道我本质非常好，其实对家庭也很重视，但是我确实感觉迟钝，所以经常性地一不小心就伤害她。

记者：女人可能会更敏感一些？

唐彬：她感情丰富，感觉很敏锐，另外她比较更务实一点，我比较偏理想一点，所以我们之间很多地方是互补的，同时在很多观点上也是冲突的，但都是小冲突，局部的冲突。

因为夫妻这个问题是很大的问题，也是比较难解决的问题，比做企业还麻烦（笑），这关键还是要看你的人生目的是什么，如果你把家庭作为你的全部，你的人生目的也会很悲惨，你把事业作为全部也会很悲惨，所以说罗素的话我很赞赏，一个是爱，一个是知识，一个是同情，同情是更大的一个社会，知识是你成长的过程，爱就是生命中给你的慰藉，给你无条件支持的地方，那这个地方就是家庭。

合伙人余晨眼中的唐彬：执著的他，理想的他，简单的他

记者：您是怎么跟唐总认识的？

余晨：我们是差不多9年前在夏威夷的一个中美科技大会上，应该是关于无线和电信的中美科技大会上认识的。大家知道夏威夷是一个度蜜月的地方，人跟人之间交流是有感应的，我们觉得当时谈得很投机，大家都想做一些事情，可能开始还没有像今天这么清楚是要做支付，我们只是看到互联网机会很大，无线和移动的机会很大，金融的机会也很大，后来想到中国支付市场上最大的需求还没有被满足，后来我们就开始做了易宝支付。在做易宝支付之前，我在美国做数据库的一家全球最大的软件公司，我做跟互联网，还有电子商务解决方案有关的工作。

记者：跟您现在做的支付有怎样的关联？

余晨：因为我当时做的很多都跟互联网有关，还有应用服务器，电子商务解决方案都是我们支付的基础。

记者：2003年到2004年你们的创业困难很大，当时你们是怎么解决的？

余晨：我们刚开始创业的时候赶上第一次互联网的泡沫，那个时候去融资，

包括去找一些志同道合的人，可能碰到的挑战都比今天大一点，实际上你只要自己坚持一个目标，然后努力去做，困难终究会过去的，后来我们谈了很多的投资方，公司也慢慢地发展起来。

记者：如何评价您的合伙人？

余晨：我认为唐彬是一个非常执著，非常能够坚持的人，要想真正创业的话，我想坚持和执著可能是最重要的品质，特别像做支付这样的业务，可能需要更大的勇气，因为支付不是一个单点的产品，我们需要和很多方方面面的问题打交道，包括银行、商家、消费者、运营商，现在包括监管，它是一个很长的产业链，任何一个环节有问题的话，可能都站不起来，所以需要很大的坚持和勇气，我们从开始到现在做了有七年的时间，七年之痒，经常开玩笑，你看现在互联网同样做电子商务，今年可能最火的领域是团购，团购从 3 月份火到今天也就是 7 个月的时间，但是我们从开始走到今天用了七年的时间。

记者：所以很不容易，您觉得这七年最难的是什么？

余晨：我想不出最难的事情，因为做支付总会有难题，今天解决一个问题，明天会有一个更大的问题出来，我觉得最重要的还是要坚持和执著。

记者：对于未来的发展前景您怎么看？

余晨：我觉得支付是一个可以改变人们生活的东西，很多人把支付想成是一个收钱、付钱的工具，实际上支付它是一个经济的基础，因为我们今天不管做任何业务，不管做任何交易，你只要有买卖的行为，最后都会用到支付，所以支付可以是一个非常朴实，非常通用的需求，会带动很多其他行业的发展，使我们的交易变得更便捷、更安全。

记者：唐总说他自己是一个感情很丰富，但是感觉又迟钝的人，您觉得他是吗？

余晨：我觉得唐彬是一个不折不扣的理想主义者，所谓理想主义者就是把时态搞错位，很多人都是生活在现在，理想主义者可能生活在未来，很多人都认为存在就是合理的，觉得现在的事情就是这样的，但是可能理想主义者不会接受现在的现实，他会努力去改变社会，同时我觉得唐彬是一个很简单的人，因为达芬奇讲过一句话，说简单是最高境界的精深，就是你要做事的时候能够抓住纷繁的表象之后的事物简单的本质，做人的时候可能要坚持最简单的原则，实际上我们讲一定要看得懂世界的复杂，但是要保持内心的简单。

追求平等的他（公司高管眼中的唐彬）

记者：刚才说您是坐在唐总对面的，是什么时候的事情，当时有怎样的感受？

高管：我是 2008 年 7 月份奥运会之前来到公司的，我的座位是在唐总的正对面，当时我吓了一大跳，因为其他公司也不可能这样，大部分来讲每一个公司相对的大领导基本上都有一个独立的办公室，不管是豪华还是不豪华的，但是唐总没有一个独立的办公室，跟普通的员工都一样，当时特别的紧张。

记者：后来呢？

高管：渐渐习惯之后，知道这就是唐总他为人或者说是他生活的一个态度，他是以一个平等的态度来面对所有的员工，因为实际上对于易宝而言，唐总觉得他也是一个普通的员工，所以他跟别人没有什么特殊性，只是因为他的职位跟我们的职位不一样，所以导致他的某些职责比我们的决定权要大。

记者：如何评价唐总？

高管：我觉得唐总他是一个工作狂，因为我们经常能够凌晨两三点钟收到老板发来的邮件，当然我们是第二天八九点上班才发现的，一看他的邮件时间是凌晨，而且我觉得唐总是一个精力非常充沛的人，他好像几乎每天都在这样的工作。

真诚的他 （易宝员工眼中的唐彬）

记者：您觉得你现在工作的公司跟你以往的公司有什么不一样吗？

员工：非常特殊，跟以往的我工作的企业都不太一样。首先它是一个互联网的公司，整个的员工平均年龄都比较低，它提倡更多的是创新、开放，自下而上，提倡这么一种氛围，而且都比较活泼，而且我们看到，从办公环境都可以看到让大家的沟通非常直接，很多的这种技术创新型的互联网企业，实际上都采用这种形式，刚来的时候可能很不习惯，但实际上效果非常好。

记者：加强了这种沟通互动，工作环境比较轻松，您觉得这跟老板的风格有关系吗？

员工：一个是跟行业，跟互联网的风格，再一个跟老板肯定是有很直接的关系。

记者：平常您跟唐总交流多吗？

员工：还好吧，也不算太多，没有他夫人多，他夫人也不太多。

记者：您觉得他是什么样的人？

员工：因为企业提倡的就是自下而上和自上而下相结合这么一个氛围，所以说他本人的风格是非常民主的这么一个风格，当然这并不代表他不果断决策，只是说更愿意倾听下属的建议。另外他本人能让你感觉到他是一个非常真诚的人，一个内心很善良的一个领导，我觉得比较难得，或者说叫纯真，可能不太好形容，但是你会感觉到他是很善的、很纯的这么一个人。

记者：为什么会有这样的感觉？

员工：我们易宝从上到下都有一个叫360度的活动，这个活动实际上并不是易宝自创的，包括很老牌的外企在以往都采用过这种形式的沟通活动，这个沟通活动说白了像咱们共产党说的批评与自我批评，各个相关的部门坐到一块，很坦诚地去说你有什么问题，然后其他人说我有什么问题，那么这种形式实际上从亚洲文化来讲，其实人都相对封闭的，不是太愿意说你哪儿不好，不是那么直接，不是那么容易地去说只对事不对人，能做到这点很难，这种活动对于我们来讲是很真诚的，可能对方有什么问题，我希望他怎么改进，对他有什么建议，这都是侧面反映，整个公司有这么一个氛围，其实都是老板他的一个观念，或者是他人性的一个传递。

放眼未来，立足现在的他（易宝员工眼中的唐彬）

记者：您是怎么来到这边工作的？

员工：我之前做一些商务软件的咨询，在美国待的时间比较多，后来2001年的时候科王科技股爆破，那个时候中国也刚刚发展起来，公司也知道我有这样一些工作的背景，后来就回来做项目了。

记者：从开始创业到现在都在一起？

员工：不是，中间我回来做项目，后来又回到北美洲去了，我是2008年在北京才认识唐彬的。

记者：你们之前在同一个学校，但是互相不认识？

员工：对，也知道是同一所学校，大家相互不认识，后来认识了，觉得有一个合作的机会，就过来了。

记者：和唐总合作做易宝支付，您看中了什么？

员工：我觉得我考虑的情况还是比较简单的，第一就是这个行业，我觉得电子商务在中国肯定是快速发展的行业，而刚好电子商务那一块也是一个技术服务的部分，网上有很多升值的空间，从行业里面来说，我觉得电子支付很好。从公司来说易宝也是一个相对领先的企业，当然你说跟其他的如支付宝还有一些交易量上的距离，但是我觉得易宝本身来说也是领先的企业，还有公司的理念，跟唐彬交流的时候，我觉得非常好，跟我自己的价值观比较吻合。

记者：他当时怎么跟你交流的？

员工：他做支付时，他是本着目的去做，绝对不是为了赚钱，简单来说也是希望这个服务给中国的网民提供生活上的便利，积累一些资源之后，然后通过技术的手段结合生活便利的服务来改善中国人的生活，我觉得这个理念本身非常的好，而且从我了解唐彬到跟他交流，他不是说总想着赚钱。在这个过程中间大家也都想做点事，我也在这个领域里面有一定的了解，所以后来谈来谈去，他刚好有一个地方希望我来填补一下，所以我就过来了。

记者：很多人说唐总是一个理想主义者，抱着很高的使命。

员工：没错。

记者：**但是很多事情要回归现实去做。**

员工：肯定的，我觉得这不是本质上的问题，唐彬，作为一个 CEO，他需要有这样一个理念跟一个放眼未来的眼光，还有他有这个愿景，其实坚持这样一个东西，执行起来有很多难题，有很多实质的情况要考虑，但他有团队，他有我们，我们给他们填补这样一个地方，相互的交流当中我们了解到公司的发展方向怎么样，执行层面我们用我们的力量把这个事情做出来，让他了解到做出来的东西跟他的理想有一定的差距，但是也是朝着这个方向去做，这个成绩是慢慢地滚动出来的。

记者：**你怎么评价他？**

员工：我觉得简单来说他是一个放眼未来，立足现在的人。其实我刚才提也不是说他绝对跟现实脱离，也不是这样，确实他想的事情，他希望这个方向选得比较极致，他是放眼未来，同样他也立足现在，从他的角度来说肯定是放眼未来，先做，然后再立足现在。

记者：**如果让你对着镜头对他说一句话，你会说什么？**

员工：唐彬你确实太忙了，我们帮你再分担多一些吧。

面孔六 | 叶有明

语 录:

如果你连简单的"小事"都做不好,又如何做"大事"?伟大就是把简单的事情重复做到完美极致。

做投资这个行业,必须要对一个行业在很短的时间内有一个很概括的了解。否则,无法从事这个行业。

不管你从事何种职业,保持好奇心,才能不断探索进步。

我相信一句话:"人一辈子会有很多想做的事,你努力去做了,哪怕失败了,你的人生都没遗憾!相反,想做、能做却没努力尝试去做的事,将是人生中的憾事!"英文有句口头禅"I can do it"。"Can do"精神是一种积极向上的乐观人生态度。

乔丹公司（中国）总裁，负责乔丹公司在中国及远东地区的所有企业发展事宜，包括领导团队建立新集团公司、投资组建中外合资企业及企业收购。

创业者档案

他同时协助乔丹公司投资组合下的公司在中国建立众多的资源整合团队。自 1995 年以来，乔丹公司在中国完成了 26 个企业收购及新建独资企业的投资项目，合作对象包括民营企业与国有企业。

记者印象

他拥有美国国际管理研究院（雷鸟商学院）MBA 学位，美国亚利桑那州立大学 MBA 学位；他是美国芝加哥高级经理人协会国际委员成员，是美中商会芝加哥总会的理事成员，是美国企业成长协会（ACG）中国总部主席、全国工商联并购公会常务理事、上海并购俱乐部副秘书长。

他 1995 年年初加入美国乔丹公司（集团），先后任国际部主任、集团副总裁，并于 2003 年兼任乔丹投资咨询（上海）有限公司总裁，负责集团在亚太地区特别是在中国的业务发展。他是带领美国 PE 在中国从事投资 / 收购最早的专业人士之一。自 1995 年以来，在他的主导下，乔丹公司（集团）先后在中国成功完成 20 余个投资项目，投资形式包括民营企业收购、国有企业改制中的股权竞购和绿地投资等。

他还是老师，是创业讲师，是《股权投资基金运作：PE 价值创造的流程》一书的作者。他为人很随和、重情义，跟他聊天你会很有收获，那种海量的信息和专业的见解很能打动人。但是你又会明显地感觉到他很从容，他似乎也没有决定非要这样做或者那样做，也没有非要往什么特别的方向走，很顺其自然地伴随时代前行，用自己的智慧、专业、决断力尽力做好自己的事情，某些时候留空白给未来，然后收获别样的风景。他，就是叶有明。

中国创业者
采访本

Chinese
Entrepreneurs
Interview
Book

一个紧跟时代的投资人

——对话乔丹公司（中国）总裁 叶有明

起步

记者：叶总您刚才说您是在国内长大的？

叶有明：是。

记者：您的家乡在哪里？

叶有明：就在北京，我是在北京出生长大的，上大学时跑到外地去了。

记者：您在外地上的大学？

叶有明：是，厦门大学。

记者：什么专业？

叶有明：英国语言文学。

记者：上完学又回到北京找工作。

叶有明：我是属于恢复高考后毕业的前几届毕业生，那个时候还不是找工作，大学毕业生都是国家干部，人才嘛，所以国家是包分配的，特别是重点大学毕业生基本都分配到国务院各部委或中央直属企业。

记者：您当时被分配到哪里了？

叶有明：我当时分到了中信（中国国际信托投资公司），那是我大学毕业后第一个任职单位。我入职时，中信还处在一个初期起步阶段，公司没有办公场地，租用了北京崇文门外"向阳一所"（也叫崇文门饭店）饭店的14~15层作为办公场所。几年后，公司才在北京建国门外大街19号建立自己的办公楼"国际大厦"，当时被北京人戏称为"巧克力大厦"。多年后，公司才搬到现在公司总部所在地京城大厦。

记者：那是什么时候？

叶有明：1984年。

记者：1984年，那很早，那个年代学的英语专业到哪里能发挥？

叶有明：中国是1979年公布的中外合资经营企业法，刚刚执行改革开放的政策。对外开放，引进外资，必然要和外商打交道。这当然需要语言沟通能力。中信当时是国务院下属的部级企业，同时肩负着很多其他部委不能做或者体制不允许做的功能。按照产权归属来说，中信是国有企业，但在创办初始，国家并没有给一分钱。当时的老板荣毅仁，拿出了自己的钱才把这个公司运作起来。

中信创造了很多历史第一。例如，第一个在海外发行债券（日本）。改革开放之前，我们以"既无内债又无外债"为自豪。在中信之前没有任何国内金融机构包括中国银行尝试过在海外发行债券。中信就是这样一家"第一个吃螃蟹的人"。你可以想象，中信当时就是中国改革开放的一个"窗口"，肩负着历史使命。当年我们这些大学毕业生加盟以后，很希望能够在这个平台上有用武之地。

记者：给你安排了什么样的工作呢？

叶有明：我是学语言文学的，对外沟通是特长，但没有任何经济或商业方面的训练。当时在国内，除了外贸专业的学生马上可以参与贸易谈判等业务活动，其他社会学科，包括学经济专业的学生，在学校里学的都是马克思主义的政治经济学，并不是市场经济的内容。所以，在某种意义上，不管你是学什么专业的，参与这样的工作都是一个新的开始，实际上是一边干一边学。当然了，如果你要是学外贸的或学经济的，可能上手会容易些。像我们这样没有经济或商务基础训练的，开始就在综合处做一些事务性的工作。我入职后的前三个月都在收发报纸。这个工作简单枯燥，但是让我在很短时间内认识了公司里超过一半的员工，为以后团队合作打下了很好的基础。联想到现在聘用的一些大学毕业生，刚入职就觉得他自己应该做 CEO，当总裁，殊不知，如果你连简单的"小事"都做不好，又如何做"大事"？伟大就是把简单的事情重复做到完美极致。

记者：很多大学生毕业以后其实面临着很多问题，有什么样的经验可以分享？

叶有明：当时我大学刚毕业也是意气风发，觉得改革开放刚刚开始，特别是有中信这样一个平台，我们是在做一些前辈们，包括荣毅仁老板，都没有做过的事情。荣氏家族在 1949 年前中国民族企业家族中算是最大的，但其实它的规模也还是比较小的。比较起来，那时候中信做的项目规模是相当大的。而且，当时没有人能教你，大家都在同一个起跑线上，都没有做过。改革开放以来第一次这么大规模地跟外商接触，所以从这个意义上来讲，真的像邓小平说的，大家摸着石头过河，从事着一种探索性的工作。

记者：当时您是觉得那个地方确实不错，还是觉得既然已经分到那里了，我就得踏踏实实地干？

叶有明：人在二十几岁时有一个困惑的时段，再加上刚刚改革开放，思想解放，很多人都没想清楚自己将来要干什么。当时我觉得，在这样一个开创性的公司，当时还叫单位，能够学到很多的东西。中信当年也是夹缝中的产物，它是国务院直属的，其经营范围从工业生产到内贸外贸都涉及，所以我们接触面非常的广。可能今天上午你去谈有关酒店的投资，下午可能是计算机芯片，甚至汽车零部件，反正是天上飞的，地下跑的，基本上都做。那时候我们在开玩笑说，中信除了棺材不做，大概没有它不做的事情。（笑）

记者：中信这么大的平台甘心收发报纸吗？

叶有明：那时候我在综合处，它是业务部的一个部门，它一部分业务是为领导服务的。三个月以后我做了业务部主管领导的秘书，从此有很多的机会跟着参与商业谈判。因为我是学习语言的，有语言上的优势，做了很多的翻译工作。我记得在最开始的时候，瑞典的一个贸易公司来代理 SAAB AB①，推销支线短途用小型飞机。对方产品介绍里面有提到"售后服务"，但是那时我不知道中文里面有这么一个概念，英文的 After 我知道，Service 也知道，但是把这两个放在一块，我不知道这个该翻译成什么，中国完全没有这个概

---

① SAAB AB，即萨博集团，是位于瑞典的一家航空及武器制造商，上世纪 40 年代其产品涵盖飞机与汽车。

念，所以也还是一点点地学。

记者：中间有很多的未知，其实这也是一种乐趣。

叶有明：也闹出不少笑话。一次老外跟我说到"American Express Card 运通卡"，就是一个信用卡，但那个年代中国没有信用卡，也没见过，而且一想 American 知道，是"美国，美洲"的意思，Express 也有很多意思，可以是"快件"，也可以是"快车"、"特快列车"等。但是怎么也想不到它会是一个信用卡。

记者：哈哈，您当时怎么翻译的？

叶有明：我忘了是怎么翻译的，当时很紧张，实在不知道自己说什么！因为它是一个文化上的差异，是知识性的东西，并不是语言上的问题。

记者：您觉得当时领导怎么会发掘你，让你做秘书？

叶有明：我可能还算是做事比较踏实的吧？一般的大学生可能进来以后就觉得马上可以做项目，比如说学轻工的，因为这些专业出来的就能马上上手做。可是，学语言的在这方面没有优势，总觉得只能做一些行政上的工作，再加上我做事是比较细心的一个人。做秘书的工作，现在可能男的不太多，但是当年在部级单位，可能现在也是，比较重要的秘书都是男的，我们也是因为国企就延续了这么一个传承。

记者：做秘书做了多长时间？

叶有明：做了大概一两年，后来就去做项目了。

记者：您觉得在这两年做秘书的过程中，收获了什么？

叶有明：受益匪浅。当年的中信，它是一个非常综合性的公司，它涉及的业务面非常非常广，你做秘书跟领导参加商业会谈，今天上午谈计算机，下午谈煤炭，明天上午谈铝矾土及炼铝，下午又去谈铝板材与型材……它的跨度非常大。

记者：所以就逼着你去了解这些东西。

叶有明：一定要了解这些东西，这不单单是一个语言的问题，你得先弄清楚中文是怎么回事。比如说我当时碰到一个石化产品叫石脑油①。石脑油这个产品在中文里我也不知道是怎么回事，但是你得把它翻译出来，这就要你回去做功课。我在大学里学英国文学，学的都是莎士比亚等古典文学作品，在商业会谈中没有太大用场。

记者：文学的东西跟商务沟通的差距还是比较大的。

叶有明：对。因为我很早的时候就跟着领导出去做翻译，这给了我很好的机会去了解不同的行业，这是一个比较高的出发点。如果你要从某一个具体的专业领域做起，可能刚一去的时候给别人打杂，然后你再一点一点学习提高。我这个位置给我一个机会，从最开始的时候就站在一个比较高的位置，而且是跨行业地在学习，各个行业有哪些优势、劣势，怎么去考量这些因素，我觉得这种高屋建瓴式的观察机会对后期，包括今天我谈的很多项目都有很大的帮助。

记者：是不是觉得未来职业的方向很明朗了？

叶有明：也没有。在现在的环境下，你可以去做职业规划，在一个公司或者某一个领域里面，做出一番成绩。但是当年的状况不一样，那个时候基

①石脑油，俗称轻油、白电油，英文名：Naphtha，是石油提炼后的一种油质的产物，由多种碳氢化合物组成。石脑油可以用作提炼煤气之用。

本上都是要靠机会，就是自我积累到一定的程度，然后正好有这么个机会，你才可以去，并不是事先完全想好了，有一个五年、十年规划，然后就如何、如何。

记者：那您当时碰到想要的机会了吗？

叶有明：当年在中信各种机会还是很多的，因为它处于一个飞速发展的阶段，有很多的新事情，事情来了没人做，那怎么办呢？工作一两年就变成"老人"了，开始自己去摸索、去闯，也会去请教一些单位里的老同事，当然更重要的还是改变思维方式。中信通过海外发行债券，获取了资金，如何将资金投入到项目中并获取预期的回报就变为最重要的挑战了。

记者：当然。

叶有明：现在说到投资获取回报，大家很容易理解，但当年却有困难。比如说当年我们跟国家相关部委谈的时候，化工部的一位处长，他就说"跟你们中信合作挺没劲的。你看你们投了钱，还了你钱就挺够意思了，你还没完没了要回报"。他的概念就是国家拨款，不用还本，更不用支付利息，完全没有投资的概念！所以说，1949 年后在中国大陆真正做投资的，我们那拨人算是最早的一批人。

记者：我推算那是 1987 年。

叶有明：差不多，1986、1987 年。

记者：在那个大家都还不了解投资的年代，是不是工作起来特别困难？

叶有明：有时候沟通上要多花一些时间，你要做很多的解释工作。当时中信其实是一个窗口，我们的合作伙伴有很多国际性的大公司，比如世界500 强，那么他们进中国来，希望找一家类似中信这种公司做他的合作伙伴，帮他去找项目。

记者：感觉这份工作的涉及面很广，需要知识更新得很快。

叶有明：的确是这样。多年的职业习惯，使我能够接触各行各业的人。有了这样的机会，长期积累，自己知识面才会更宽。假如我们在一个酒会上碰面，你要跟我谈天的话，我可以几个小时不停地跟你谈话。话题可以是天上飞的，也可以是地上跑的，五花八门！做投资这行，必须要对一个行业在很短的时间内有一个很概括的了解。否则，就无法从事这个行业了。

解读投资行业

记者：做投资其实更多的是要对行业有一个深入的了解。

叶有明：是的，比如说你真正决定去投资某个企业，我们还是要请业内专家去做一个权威性的评判，而不是自己做，这里面有很多的原因。我们每个人的精力有限，不可能是各方面的专家。但是做投资这行的，必须要在你投资的行业"外行面前是内行，内行面前不外行"。比如说我投资于电机制造，让我去设计电机，肯定设计不了，但是你要跟我讲电机制造行业它的价值链是怎么回事，我可以跟你说得头头是道。

判断力是通往成功的必经之路

记者：最近在看一本书，说其实成功人士有两方面能力，一个是判断力，对以后的一些远景有一个大概的判断，一个是收集资料，整合资料，然后把它表述出来这种能力要非常的强。您同意这种观点吗？

叶有明：对。在今天这样一个商业的、竞争性的社会当中，不管是人与人之间，还是公司与公司之间，甚至国家与国家之间的合作与竞争，最重要

中国创业者
采访本
Chinese
Entrepreneurs
Interview
Book

的是拥有信息。之所以存在很多的先行机会，是因为信息不对称。谁能够用最短的时间，最快的速度，最少的代价获取这些信息，他就已经成功了一半！当然获取了信息还不是结果，更重要你要根据这些信息做一个判断，判断这个事物能否发生，然后做出决策并采取行动，才有可能成功。像我们的团队，做工作就要有极强的调研能力，比如说大学毕业入职后，第一个项目可能是调研"中国的风能发展趋势"，为什么中国的风能发展目前是这么个布局？发展"瓶颈"在哪里？是制造上的问题，入网问题，还是我们国家电网建设的问题，等等。他之前对这个行业完全不了解，就要求能够在比较短的时间内，去找这些信息，然后根据这些信息做一个分析，作出一个评判，这样才能决定你下一步怎么去做。所以从这个意义上来讲，第二条我很同意。

做跟时代接轨的人

记者：您有没有座右铭？

叶有明：我很欣赏一句话"好奇心是人类发展之动力"。不管你从事何种职业，保持好奇心，才能不断探索进步！

记者：工作了这么多年后，还需要不断地汲取新的东西吗？是不是已经形成规律性的东西了？

叶有明：网络上的最新的语言，什么"雷人"，"打酱油"，按照我的年龄段来说这些东西我不应关注，但是我要关注，因为我觉得这在沟通中很重要，比如说你跟某些特定人群沟通的时候，有可能因为一个"时髦"的词汇，就可以拉近你们的距离，消除大家的一些隔阂。去年，我讲一门关于PE的课，在课堂上，大家正好谈到一个法律问题，也是一个文化问题。美国人结婚的时候先签一个离婚协议，详细规定如果离婚财产将如何分配。中国人觉得结婚前就谈离婚，很不吉利！在美国，离婚、死人都可以开"派对"。从这个意义上来讲，没有什么是不可以接受的，大家都是活到老，学到老。而且从大的环境来看，现在的 80 后，90 后，他们的价值观受西方影响很大，也挺积极的，所以说没有什么不能接受。

什么是幸福

记者：家人对您的工作是什么样的态度？因为这项工作要考察很多项目，可能会很辛苦。

叶有明：我的家庭算是比较幸福的。其实不管从事业和家庭来说，我觉得我不是最合格的发言人。成功不成功，这是一个非常主观的尺度，有些人认为你成功，可能有些人认为你不成功，我觉得这些都不重要，重要的是现在的状态你自己是否满意，是否高兴。

中国文化传统是男主外，女主内，特别是男人，你要先去闯一番天地，然后再关注家庭生活。在事业发展早期，可能太专注于事业发展。在此期间在关注家庭方面欠缺很多。有一首流行歌曲叫《爱上一个不回家的人》，想想这样的男人对家庭伤害是很大的。其实你想拥有一个所谓成功的事业，然后同时拥有一个幸福的家庭，这个很难做到，非常非常难，大多数时候你会顾此失彼。其实我对我的大女儿一直很愧疚，在她的成长过程当中需要我的时候，我没有在场。前几年，我女儿给我写了一封很长的邮件，抱怨我从来没有去参加她的家长会等。我看了以后真是有一种说不出的心酸。很想弥补，可她已经不需要了。此事给我留下一生的遗憾！

我觉得一个人的一生对财富的追求是无止尽的，财富到了一定的时候只是一个数字，多加一个零，或者少加一个零而已，没什么太大意义，"广厦千间，夜眠七尺"，就是这个意思。但是如果你连最基本的亲情都没有的话，你的人生是很不完整的。话是这么说，我现在说得很漂亮，但是有些人要通过一个很痛苦的方式才学到这些最基本的道理，我就属于这种类型。

中国创业者
采访本
Chinese
Entrepreneurs
Interview
Book

记者：现在在做些弥补吗？

叶有明：这个不是在乎你做什么，更多的是你要去花时间陪她成长，从心理学上来说，小孩在成长的过程当中，同时需要父爱和母爱，你长期缺位的话，就会产生问题。

在锻炼中挑战　在挑战中磨炼

记者：工作很忙，还要陪家人，还有娱乐休闲的时间吗？

叶有明：休闲的时候我会去打高尔夫球。一方面是休闲锻炼，同时也是一种交际手段，现在的商场里面有很多老板谈判都是在高尔夫球场上进行的。我还算是比较喜欢这个运动，但在中国把它搞成了一个贵族式的消费，甚至跟腐败联系在一起，这事儿到今天我也没想明白。高尔夫在美国是一个大众的休闲运动，如果以我家为圆心画一个半径十公里的圆圈，在此范围内大概有超过20家的公共球场。我自己住的地方就在高尔夫球场隔壁。我觉得高尔夫这个运动除了能锻炼身体以外，很重要的是它是一个自我挑战的过程。在高尔夫球场上你的对手就是你自己，是自我挑战的运动。打球时候，你会有喜怒哀乐。打得好，发挥很正常的时候，你会很高兴。但是也有的时候想不清楚为什么，就是不在状态，这个时候就看你怎么去调整心态。可能有几个洞，你是既上山又下水，最后还是打"爆"掉了，但是新的一洞一开始又是另外一个天地，这很锻炼人的控制能力。当你极度烦躁，极度郁闷的时候，如何控制自己的情绪，这个是挺有效的方法。我年轻的时候，也是属于脾气比较急的人，通过打球逐渐练得好像能够更好地控制自己的情绪。

记者：这不仅是身体方面的训练，更是一种情绪控制的训练。

叶有明：而且我觉得运动也包含文化因素在内。在美国医疗费用很贵，所以大家宁愿花钱去健身房。当然也不会因为得了一次病，就觉得花钱去健身不值了。

记者：这个观念很好。

叶有明：对，大家都活得比较健康。健身的习惯也是我在美国上学的时候养成的，那时虽然没钱，但这个钱还是要花的。其实健身更重要一点是让人保持一种向上的心态。当你心情不好的时候，你去健身房出一身大汗，第二天起来以后，精神又特别饱满。我经常出差，如果我一个星期不出差的话，我会去游两次泳，特别是在夏天，在健身房里面稍微活动活动，然后游两次泳，最好周末的时候能打一场球，保持精神状态非常的重要。最怕的是那种亚健康状态，虽没大病，可精神委靡，做事效率低还丢三落四。

记者：您现在的作息是什么样的？

叶有明：现在差不多还是一半时间在出差，这是我们工作的性质决定的。当然有阶段性，金融危机时业务节奏比较缓慢一些，如今已经开始回归正常。如果我不出差的话，我一般都是早晨七点钟到七点半起床，然后去慢跑，再去洗澡，吃早饭，上班。晚上要看情况，因为晚上我经常会有电话会议。我们跟美国有时差，十二三个小时的时差，所以很多时候会议会在晚上八九点钟开始。我差不多要到11点的时候去睡觉。

记者：我昨天是（晚上）10点半给你写的邮件，当时就收到回复了。

叶有明：那很正常，半夜2点钟回复也别奇怪。

记者：每天时间安排紧张吗？

叶有明：我觉得这还是一个效率问题。如果真的没事儿干，我宁愿去打球。

我不太喜欢把自己放在一个"无所事事"的状态。这种状态很不利于人的精神健康。

缘何写书

记者：前一段时间，您跟我说您写了一本书，能跟我谈谈这本书吗？

叶有明：2009年3月我出版了《股权投资基金运作——PE价值创造的流程》[1]一书。当初想写这本书，主要原因是最近几年在中国我们的财经媒体对PE有一些不太准确的报道，而且负面的居多。这样的报道，我不敢说它带来了很负面的影响，但是确实助长了很多民族主义情绪。特别是有些人，为了一己私利，煽动读者。我以为，你可以不喜欢甚至厌恶PE，但你多少应该知道点PE是什么，了解它是如何操作的，然后再评判喜欢还是不喜欢。所以，从这个角度来讲，我觉得有必要把PE到底在做什么跟大家讲清楚。我希望通过这本书，能够告诉我们国内的有志从事这个行业的年轻朋友，或者是一些监管部门，以及媒体朋友们，PE到底是在做什么事情。实际上，PE并不是他们想象中的"门口的野蛮人"[2]。除了提供资本以外，PE对于企业的增值起到了至关重要的作用。投资活动如果不能使被投资企业增值，那么，这样的模式是不可持续的。这些年有些做投资的人，比较浮夸、浮躁，总想赚大钱快钱。当然，在合法的前提下，能赚大钱快钱，不是坏事儿，但是你必须要清楚，天上掉了一个馅饼不是坏事，但不可能天天掉馅饼。所以，我觉得我这本书是要跟大家讲清楚把投资作为一个行业来做，它有一套程序和方法，遵循这个规律才能够让这个业务长期地做下去。

---

[1] 《股权投资基金运作——PE价值创造的流程》，复旦大学出版社2012年版。
[2] 《门口的野蛮人》，作者布赖恩·伯勒。此书被评为20本最具影响力的商业书籍之一。该书用纪实性的报道记述了RJR纳贝斯克公司收购的前因后果，再现了华尔街历史上最著名的公司争夺战，全面展示了企业管理者如何取得和掌握公司的控股权。门口的野蛮人被华尔街用来形容那些不怀好意的收购者。

记者：这本书上面有一句话"本书不是市场观念的呐喊，也不是高堂妙语的阔论，更不是少数精英的呢喃自语，而是循循善诱的叮咛，左膀右臂的扶持，是一本很厚道、很中肯的工具书，是一本可以留在书架上可以参考的工具"，这个具体怎么理解？

叶有明：上面的文字是中国并购公会会长王巍先生为我的书写的序言中的文字。和王巍认识很长时间了。我们两个都在为中国并购市场的发展奔走努力。我的书初稿完成后就发给他，邀请他帮我写一个序。他看完书稿以后就给了这么一个评价。至于他为什么这么评价呢，我以为：（1）目前国内市场上关于这个题目的书籍大都由做学术研究的作者出版，侧重于理论探讨而实战案例欠缺。（2）我的书是以一个从业者的角度探讨自己实战中所遇到的问题，包括投资项目整体流程。没有多年的从业经验，是无法写出的。对大多数人，探讨理论问题并不是他们的目的，他们更需要了解实际操作的细节。王巍会长从这个角度来做一个评价，"这本书不是空谈理论，而是实战性很强的书"。

比如说，我书中讲怎么去筛选投资项目。在国内项目很多，但是融资成功率很低。这是为什么呢？因为这些想融资的人不知道投资人想要了解什么。你去看那些项目融资计划书，都在说什么呢？"我们这山清水秀，靠近国道320，固定资产有多少多少，员工如何如何……"，但是投资者想知道的事儿一件没说，不想知道的说了一大堆，浪费了大家很多时间。所以，我们跟很多项目公司沟通的时候，都会提供给对方一个问题清单，请对方按照问题清单回答。等答案出来了，我对你的项目就应该有一个评判了，也就知道我们是否需要继续跟踪下去。

记者：这本书是您用多长时间写的？

叶有明：其实动手写倒没有花太多时间，因为这是多年积累下来的东西。最原始的资料是我做的新员工内部培训资料。后来一个偶然机会，有个朋友在搞金融专业机构的培训。原来定了一个澳大利亚的老师，结果这个老师由于各种原因不能来了，就请我去"救场"。我就把自己的内部培训的讲义整理了一下，贯穿了一些中国的案例，很受学员的欢迎。大家觉得比原来老师讲得还好，因为原来的老师是澳大利亚人，讲课需要翻译，并且他没有中国实战案例。可能教书方面比我专业，但是他毕竟不是做投资的，所以我讲完以后很受欢迎。培训学校就邀请我专门开授课程，每年几次。在此之后，我在天津财经大学亚洲商学院、上海财经大学、上海交通大学等做过讲座，并受邀成为天津财经大学亚洲商学院的教授。

记者：那您写书与讲课有关吗？

叶有明：有一些关系。最初是我的一个学员在参加我的课以后，建议我把讲课内容出书。本来我这辈子没想过要出书，他帮我联系到一位出版社的编辑朋友，然后我们就见了一面。编辑朋友看了我讲课用的讲义（200~300页的PPT），很喜欢，希望我能把它形成文字，那时市场上非常缺乏这类书籍，我真正动笔写差不多用了半年多时间。其实要写的东西都已经融入日常工作里面，把它写出来更多的是文字上的修饰工作。

记者：今天在跟您聊天的过程当中，我感到其实很多您觉得是比较机缘巧合的事情，我倒觉得其实有时候也是一种必然的一个阶段或者经历，因为当时您确实也付出了很多的心力和体力，我觉得还是挺棒的。

幸福指数：就是衡量人们幸福感受具体程度的主观指标数。幸福指数是对人们通常所说的幸福感的量化，是人们根据一定价值标准对自身生活状态所作的满意度方面的评价。幸福指数作为评价社会发展的一个重要指标，不仅体现了人民群众对社会发展的满意度，而且越来越成为各级政府决策的重要依据。

语 录：

　　我对有钱人有两个定义，我觉得他们可以分为两类，一种是兜里有钱的人，另一种是心里面有钱，兜里面有钱的人很多，但是心里有钱的人不多。

　　我认为心里有钱的人从来不恐惧自己的兜里有没有钱，他们不在乎身上的财富，而在乎心里的财富，他们的财富积淀了这样几个点，第一个是他们有充分的资源、知识，还有信仰，有理想，有社会责任感，这种有钱人我觉得是最可怕的有钱人，这也是最值得尊重的有钱人，像比尔·盖茨、李嘉诚，我觉得他们的钱不在他们的兜里，而在他们的心里。

孟宪明，北京网元圣唐娱乐科技有限公司总裁。

创业者档案

1997 年开始进入音像光盘、影视娱乐、电子游戏等科技知识文化领域； 2007 年成立上海烛龙信息科技有限公司，2009 年成立北京网元圣唐娱乐科技有限公司。荣获 2010 中国创意产业领军人物奖

记者印象

他的内心里住着一个 superman，那是会坚定的做着自己喜欢的事情的力量；他很倔犟，如果生命中的伤痛和悔恨是一种形容词，他会倔犟到最后，他觉得还敢做梦就没有失败。

秀水第一人的品牌梦想

——对话网元圣唐公司总裁 孟宪明

中国单机游戏所创造的奇迹

记者：《古剑奇谭》上线了吗？

孟宪明：2010 年 7 月 10 日上线的。

记者：那推出的主打单机游戏古剑销售情况怎么样，大家对它的评价怎么样。

孟宪明：每次提起这个游戏我都特别高兴和激动。《古剑奇谭》当时上线时是近五年来大陆出的一款唯一的单机游戏，这款游戏上市之后受到玩家非常热的追捧，目前这个游戏的销售情况非常喜人，出乎我们的意料。这款游戏目前为止创造了两大奇迹，一个奇迹就是到现在为止没有盗版，第二个奇迹就是到 2010 年年底全球销售排行榜它排第六。

记者：全球？

孟宪明：对。

记者：这个数据统计是从哪里得来的？

孟宪明：是索尼给我们提供的下载数据。再有一个最值得我们庆幸的是当时百度贴吧组织的一个活动，就是在贴吧上做了全球游戏人气排行榜，我们当时排在第四名，第一名是《魔兽世界》，作为这样一个国产游戏有这样的影响力，我们觉得还是值得自豪和骄傲的。

记者：而且还是刚刚推出就取得了这样的一个成绩。

孟宪明：对，7月10日《古剑奇谭》正式上市，到2010年年底，它创造了很多让我们意想不到的奇迹，这些奇迹给我们带来非常好的收益，非常好的口碑，基本上达成了我们当时想要的，用它来传承中国的文化，用它去影响这些玩家树立正确的文化的价值观，这个我觉得是我们最值得庆幸的。

记者：目前这款游戏取得了不错的收益，这个收益能透露一下吗？

孟宪明：我们现在累计销售目前已经过了80万套，全球付费用户已经突破150万，并且在港澳台三地同步反击板上市，港澳台三地反击板会同时在中国香港地区、台湾地区、澳门地区上线，这也是中国单机游戏上市的一个奇迹，同时也创造了非常棒的成绩。

创建具有中国文化内涵的游戏品牌

记者：游戏行业通常会受到外界的争议，最早创业的设想来自哪里？

孟宪明：当时做单机游戏的时候也遇到了很多困难，很多的不理解，包括行业的朋友，还有投资人，对这个投资都不太认同，因为在近五年的时间里，中国的网游市场发展的非常快速，整个市场占有率几乎占了快 100，大部分都是网游，没有单机游戏出现，单机游戏的市场份额被挤得只剩一点点了，每年只有几千万元的市场份额，在这个时候选择做单机游戏，对于整个行业来说没有人能够理解，我们虽然做了这件事情，但在整个市场中没有引起注意，为什么呢？是因为目前的市场收入还是被所有人关注的一个重要的元素。单机游戏市场虽然有那么多玩家，有那么多用户，为什么没有人做它呢？第一大家觉得盗版问题无法得到彻底的解决，第二单机游戏持续盈利的能力很差，没有新的盈利模式，第三就是不管怎么去销售，单机游戏永远没有网游 ARPU 值高，基于以上的几点，所有的游戏开发公司都不愿意把精力、人力和物力投入单机游戏上去，在这个情况下我们选择做单机游戏也是出于很多考虑，最主要的考虑还是出于品牌的建设。

记者：想要建怎样的品牌？

孟宪明：中国的游戏公司应该说都是在做生意，是一帮年轻的互联网人，一帮年轻的商人在做着这样的一个生意，对于我这样传统的商人来说，我想做的，第一件事情是要做一个中国的游戏品牌。我是一个魔兽的玩家，对于魔兽的成功，我有自己的认识，魔兽之所以能够成功，我觉得首先来说《魔兽世界》在中国做了十几年，它的单机游戏发行在中国也有十几年的历史，它的图书、小说在中国发行的也很广，影响也很大，它传承了《魔兽世界》最核心的还是它的文化内涵，在这十几年文化的传承当中，奠定了它的用户，奠定了魔兽的这些玩家能够为什么要喜欢《魔兽世界》的这样一个基础。所以我想如果要想做一个中国的游戏品牌，就要从文化开始做，这也是我们做单机游戏的一个主要原因。

中国创业者
采访本
Chinese
Entrepreneurs
Interview
Book

古剑传承中国文化

记者：魔兽传递的是怎样的一个文化？

孟宪明：魔兽传递的还是仙侠的文化，国外的仙侠的文化，魔兽世界出了小说，说的也是魔兽最精髓的仙人、侠客，从我这个角度讲，魔鬼，这样的正义和非正义的两方不是现实的文化。从中国来说，中国这样传统的文化其实有很多，像西游记，聊斋这些，其实中国的这些文化我觉得更有内涵，影响也更广泛。这些文化已经被现在的网游公司广泛的利用，但是近几十年来，仙侠的文化在中国没有新的作品出来，没有有影响的仙侠文化在年轻人中间流传，作为《古剑奇谭》这样一个游戏，有几个数字就可以说明它是有文化底蕴的这样一个产品或者说是作品。它光文字有35万字，不算对白部分，加上对白部分50万的文字，这样一部作品里面包含了很多中国的传统文化，酒文化、音乐、旅游等，这些文化包含在游戏当中，在传播的过程当中它给玩家带来很多自己不知道、自己不了解的历史的故事、历史的典故和仁、义、礼、智、信等中国传统文化最想传播的东西，我觉得这可能就是它成功的最主要原因。

记者：给我们举个例子，怎样说让他们在玩游戏的同时学习文化知识。

孟宪明：比如说艄公，欧阳艄公是大反派人物，艄公两个字是酒的名字，但不是像五粮液、茅台这种酒，它是由几种谷物酿造的，是少数民族用一种特殊的酿造方式酿造的一种酒就叫艄公。

记者：现在单机游戏普遍存在的几个问题，盗版问题、持续盈利的问题，还有 ARPU 值的问题。您说到目前为止《古剑奇谭》还没有盗版，为什么它能打破以前单机模式的特点，没有盗版呢？

孟宪明：应该这么说，商业其实都是挺简单的，从新中国成立前我们用的商业模式，到现在用的商业模式，商业模式没有原则性的改变，只是方式的改变，《古剑奇谭》之所以没有盗版我觉得是以下几个原因：第一广泛的合作，和所有互联网媒体下载的网站进行合作，把利益和大家共享。第二就是在《古剑奇谭》发售之前，把《古剑奇谭》最核心的文化、内涵广而告之，让大家知道这是一款伟大的作品，是值得我们保护的作品，让更多的玩家参与到保护《古剑奇谭》的这个队列中去。第三寻求政府的大力支持，让这样一个作品能够得到保护，从而减少盗版给我们带来的损失。最主要的一点是我们用商业的运营手段来推广这款游戏，让大家认为这款游戏如果我们再去盗版，以后没有公司再去做这个单机游戏了，出于这几点《古剑奇谭》到现在没有盗版也是非常正常的。

记者：单机游戏比较少，大家都去保护它，那单机游戏这种盈利的模式要怎么能够持续下来呢?

孟宪明：我觉得这是心态的问题。《古剑奇谭》能不能持续盈利，关键看我当时设计的商业模式到底是什么样的商业模式，单机游戏中我们当初融入了网游这种盈利模式。单机游戏咱们也知道，单机游戏装完这个客户端，玩家已经拿到了全部的资料，对于玩家来讲没有再去付费的愿望了，我们这些制造者或者创意者怎么样去让玩家有持续的这种付费的愿望和想法，这就需要用商业手段去解决。比如我们现在做的《古剑奇谭》这个游戏，其中商业制作也是游戏的一部分，接下来我们还有古剑2的推出，要打造一个品牌的话，利益不能放在最前面。

企业核心——人

记者：我们企业的核心价值是什么呢?

孟宪明：我觉得网元圣唐最核心的价值就是人，这个队伍组建特别有特

中国创业者
采访本
Chinese
Entrepreneurs
Interview
Book

点，这个团队主要是以研发人为核心的这样一个团队。我们有四个研发的领军人物，其中一个是张毅君，他是一个台湾人，他曾经做过仙剑3、仙剑4，还有仙剑3外传，阿猫阿狗等等，他做了有十几款游戏，在这个行业里从业十几年的历史了，网络名字叫工长君，有很多喜欢他的粉丝，我真是见过那些粉丝有多狂热，他带领的队伍做的游戏就是《古剑奇谭》，包括《古剑奇谭二》、《古剑奇谭网络版》等以古剑为品牌的研发项目，他也是我们公司的一个副总裁，应该说是一个团队的负责人。另外一个副总裁是靳超，他是中国第一款网络游戏的首席技术长，那款游戏叫《石器时代》，那是中国最早一批网络游戏，他也曾经创造过年收入4个亿这样辉煌的历史，在网络技术里面是非常出色的人才，他的团队现在正在开发一款大型的3D MMORPG网络游戏，预计在2013年第四季度上市。所以说这个公司最核心的还是人，最核心的价值也是由这些人组成的。

共同的理想

记者：他们离开了自己原本的工作岗位，带着这么多辉煌的业绩一起投入到您的门下，您觉得是什么吸引了他们？

孟宪明：应该说我们是一起合作，不是到我的门下，我们有共同的理想，我说服他们的一个最大的理由就是游戏很难和文化联系在一起，我们要做有文化的游戏，这对整个行业来说都非常难。

这是很有挑战性的一件事情。如果我们这样的一群人能够创造出有文化的游戏来，像《魔兽世界》一样，我觉得在这个行业里或者对于中国的游戏产业来说都是有巨大的贡献的。基于这样的理想，我们大家走到一起。

记者：也就是说我们想创造一款有文化内涵的游戏。

孟宪明：我觉得应该说创造几款有文化的产品。

记者：您觉得纯游戏不好吗？

孟宪明：我觉得游戏如果有生命必须有文化，中国的文化源远流长，用什么方式传承它，对于我来讲是要考虑的，这也是一种责任，游戏是一种快乐的生活方式，用这种方式传承中国的文化，我觉得这是最好的方法，把游戏注入中国的文化，用游戏的方式传承中国的文化是我们的理想，也是我们的愿望。

你中有我，他中有你（游戏与文化的有机统一）

记者：您觉得中国的传统文化都包括哪些，这些东西能给大家带来什么？

孟宪明：很多。应该说中国五千年的文化对于整个世界来说都是一个宝藏，我们要怎么样守住这个宝藏，发扬和光大我们中国文化，这是我们一直在想的，当然游戏不是唯一的方式，但我希望它能成为一种传承中国文化的工具，把游戏注入这种文化，比如说我们的仁、义、礼、智、信，我们的地理、历史怎么镶嵌在游戏当中，把它融入到游戏当中，用这种方式把它传承下去，如果能够把这些东西融入到游戏当中，我觉得这种快乐的方式就会受到社会的欢迎，也会被大家所接受。游戏在这几年的时间一直受到社会的一种压制，或者说一种歧视。为什么呢？我觉得其实游戏本身还是有一些问题的，主要的问题是很多的青少年由于沉迷在游戏当中，不认真学习，出现一些问题青年，这些都是游戏造成的。为什么大家对游戏要反对，反对这个行业，我认为最主要的一个原因就是大家认为在游戏里面学不到任何东西，只是沉迷在当中，消磨意志，包括很多的IT界的领军人物也说我们不做游戏，游戏不能给青年人带来任何的东西，我认为这样的说法是不对的，不对的原因在于游戏的从业者，游戏当中确实有一些游戏非常的低俗，包括宣传手段、宣传方法都用非常低俗的手段。怎么样改变这些事情，改变人们对游戏不良的看法？首先从从业者、研发者、创意者来讲，要把中国的文化融入到游戏

中国创业者
采访本
Chinese
Entrepreneurs
Interview
Book

当中，让游戏成为一个正面的宣传工具和手段，在享受快乐的时候，同时也传承了中国文化，这样就容易被社会所接受，被父母接受，被政府接受，这个也是游戏能够长久生存的一个基础。

记者：您刚才说文化融入游戏很难？

孟宪明：非常非常难。原因很简单，如果把快乐和文化融合在一起，如果这个点结合的不好，分寸把握的不好，就会让游戏失败，因为作为用户来讲，他不能够生硬地接受你，本来他是要娱乐的，结果他要接受生硬的教导、指导，就像平常孩子生活一样，每天既要听老师讲课，又要听父母的唠叨，然后周六周日还得不到休息，还要学钢琴，学各种各样的东西，孩子压力已经很大了，如果在玩游戏当中还要接受应试教育，恐怕孩子就会非常的抵触，作品失败了，传承的目的也就失败了，所以这一点度的把握非常非常的关键，怎么样潜移默化地把文化融入游戏当中，这是创意者和创造者要精心准备、精心把握、精心考虑的。

记者：《古剑奇谭》就是把文化和游戏和快乐结合在一起的一款您非常满意的作品？

孟宪明：到现在为止，我本人非常满意，我相信用户也非常满意，因为里边有很多文化的东西潜移默化的都融入当中了，如果您要玩过这款游戏就会知道这个游戏的与众不同，里边融入了很多中国传统文化，服装的、服饰的、酒的、饮食的等等，然后还有一些我们传统意义上的这种旅游圣地等，都镶嵌在游戏当中，玩家没有任何感觉就接触到这些东西。

传统产业到文化产业的过渡

记者：您以前是做传统产业的，当时是怎么想到做游戏的？

孟宪明：应该说也是被人劝说到这个行业，或者准确说被忽悠到这个行业里来的。我是做传统产业的，我有印刷厂、光盘厂，接触了很多游戏公司，看到这个行业的发展非常有前景，然后对这个行业进行了考察，初期试探的进入了这个行业，和朋友一起做了一家公司，通过这段时间的了解，对这个行业有了一个最基础的、最基本的认识。

记者：从什么时间开始的？

孟宪明：从 2005 年开始进入这个行业，对这个行业有了初步的认识和了解，当中也经历了很多失败，也得到了很多的经验，从失败中总结经验，今天之所以古剑能够顺利地推出也跟这段时间对这个行业深入的了解是密不可分的。

记者：刚开始您都遇到了哪些问题？

孟宪明：遇到很多的问题，首先来讲就是说由于互联网行业非常新，作为传统产业的人对于互联网还是非常陌生的。这个陌生我觉得有几个方面，第一这个行业是用一种快速的传播方式——互联网来传播着一种产品，它的赢收模式和传统产业是不一样的，这是高利润、高回报的产业，风险也非常高，高投入、高回报、高风险，在游戏行业里表现的非常淋漓尽致，如果亏了就颗粒无收，你做传统产业，你做工厂的话还能剩下工厂，还能剩下一些固定资产，而这个行业没有固定资产，除了几台电脑全是人，应该说所有的资产都在头脑里，都在电脑里，当这个企业没了的时候，所有的东西都没了，所以这个行业跟传统产业不一样的地方就是要怎么样开发智力，开发人的智力，创意出好的作品来，从而获利。

记者：您开始的时候遇到了什么样的风险，是怎样的一个风险让您开始逐渐地了解网络游戏市场的？

孟宪明：应该这么说，当时进入这个行业的时候就投了 200 万元，结果不到 9 个月的时间，这 200 万元迅速的就没了，我不理解，不理解的一个主要原因是根据当初投入考察所得到的商业数据，200 万元应该是不会这么快就没了。对于这样一个失败的过程，我当时在看、在想，自己没有亲自操作，这 200 万元迅速的没了，在这 200 万元当中得到的只有一个就是这个行业是一只老虎、一块肉的话，200 万元的肉不大，对于老虎来说，扔到老虎嘴里面，可能老虎都没有尝到滋味，这块肉就没了，没有反应过来到底是什么原因造成这么短的时间亏损了这么多。

记者：现在知道了吗？

孟宪明：现在我非常非常明白为什么了，我觉得可能有两个意义在这个行业里，如果不了解的话，你在一年之内就会蒸发掉，这个行业我觉得和我们做的传统产业完全不相同。

记者：为什么不了解的话就会蒸发掉，没有了？

孟宪明：你看到很多游戏公司在做游戏的推广和宣传，有很多人号称投入 1 个亿做市场推广和宣传，在互联网上做一段广告，像传统产业一样，你去一个大的互联网媒体也好，电视媒体也好，你投入一段广告，可能要投入几百万元，上千万元或者上亿元，如果产品本身不好的话，这些广告就等于白费了。作为这样一个互联网企业来讲的话，为一个产品投入上亿的广告是很多的，一点也不少见，那上亿的钱砸进之后，发现这个游戏本身质量有问题，就不可能有回收，一两个亿就这样没了，同时研发要投入大量的费用和成本，当一个产品不成功的时候，其实我们什么都看不见，所以既看不到固定资产，也没有任何的回报，这一两个亿到这个行业里面轻易的会被蒸发掉，所以作为投资人来讲，对这个行业的投资还是要非常非常谨慎的。

记者：您刚才说投入研发的费用很高，大概是怎样一个数字？

孟宪明：一个游戏像我们投入了3000万元人民币作为产品的研发费用，这样一个单机游戏在这个行业里面投入这个钱数应该说相对比较大，像有一些网络游戏投入五六千万元也很正常的，所以五六千万元的投入，上亿元的运营和市场推广费用，一个多亿转眼之间就不见了。

记者：这样看来200万元消失其实只是个小数目。

孟宪明：今天看起来只是一滴水。

记者：200万元投入之后，发现很快稀释掉了，当时有没有想这个行业就是一只老虎，然后就不再继续投入，为什么还要继续坚持呢？

孟宪明：这就是人的个性，我是一个不服输的人，一件事我没有搞明白之前就输了，这对我来说是不能接受的。我对自己做过总结，我觉得我是一个具有很强的浪漫主义色彩的理想主义者，而且有非常强的好奇心，所以我觉得如果一件事情我做了没有成功，对于我来讲先不说这件事能不能接受，从思想上，从情感上我不能接受。那不接受的一个表现就是我要投入更大的精力、财力和物力把它做好，一直到把这件事做成功，所以2007年的时候与别人共同建立了上海烛龙，成立了一个做游戏开发的这样一个公司，这也就是我进入这个行业的一个起始点。

记者：2007年这个公司叫什么？

孟宪明：上海烛龙信息科技有限公司。

记者：2007年建立这个公司，不打算抛弃原来的吗？

孟宪明：对，当时是做游戏代理，代理了很多国际大品牌的游戏，像EA、日本的光荣都跟这个公司有着非常密切的合作，为什么还会失败呢？

我总结出一点，所有的游戏产品就像小孩一样，这是别人家的孩子，如果我把它引进中国，对于我来讲它依然不是我的孩子，我对这孩子有看护权，我就像一个保姆，这孩子的父母会告诉我，我怎么教育这个孩子，是按照父母的意愿管理或者教育这个孩子，那么它永远成不了我的孩子，怎么样才能把游戏做好，我认为代理绝不是我这种人想要的，我要有自己的孩子。

记者：自己的意愿不能完全实现，当时是投入了多少来做代理呢？

孟宪明：几千万元。

记者：一开始是不是觉得投入研发可能费用比较高，做代理会稍微少一点？

孟宪明：对，做代理应该说风险小，但是风险小回报也会很少，因为这个主动权不在我们手里，游戏作为一个作品，我觉得它的属性就是说它是服务于用户的，娱乐于用户的，如果我们不能够按照自己的想法去给用户提供娱乐方式的话，我们的商业模式本身就不会成功。

记者：会不会因为做代理，对客户的需求可能更了解一些？

孟宪明：对，这就是我说的得到了经验，得到了宝贵的经验。

记者：您觉得客户到底需要什么样的？

孟宪明：我觉得客户对游戏的种类需求应该说很多，有不同的用户分类，比如说有喜欢 2D 的，有喜欢 3D 的，有喜欢 Q 版的，有喜欢真实一点的。

记者：您是不是觉得其实用户群当中对单机游戏需求的人群还是比较大的。

孟宪明：应该这么讲，中国的游戏是由单机用户开始的，由于中国最早接触的是单机游戏文化的熏陶，这个行业也是从单机游戏开始发展起来的，所以我认为很多的用户群，现在没人做单机游戏了，这时候我来做，抛开是不是蓝海战略，我觉得从服务客户来讲也是我们这个公司应该考虑的。

创业经历

记者：**您是什么时候开始做传统行业的？**

孟宪明：20世纪80年代开始经商，准确地说应该是一个标准的职业商人。

记者：**80年代开始经商，那时候您多大？**

孟宪明：那时候也就18岁。

记者：**那会做什么呢？**

孟宪明：我不知道你了解不了解秀水街，我应该算是第一个进入秀水的人，用现在的话讲就是秀水第一人。我记得非常清楚，当初来北京的时候，做生意是在建国门和友谊商店之间，那边有一段走廊，当时在秀水街旁边是一个副食商店，叫永安里副食商店，往西边一点有一个汽车站，我们在汽车站的外面，也就是说今天的友谊商店和建国饭店之间的这条便道上卖东西，那时候应该说北京经济刚刚发展，整个城市的管理，城市的建设，城市的市容管理也是刚刚开始，国贸还没有建，赛特也还没有，这些都在建设当中，那个时代市容管理相对比较薄弱，但是已经有市容管理了，叫市容执法大队，我们经常被市容执法大队轰到农贸市场里去。秀水街是一个商业重要的点，有很多外国人在建国饭店和友谊商店之间活动，那肯定会吸引这些商者到这来经营。为了解决这个问题，当时街道办事处通过跟工商，跟税务，跟相关部门的沟通，开辟了一个集贸市场，开始的时候我们不想进去，因为那个地方比较偏，但是由于在外面市容管理越来越规范和严格，最后我们被请到秀

中国创业者
采访本
Chinese
Entrepreneurs
Interview
Book

水街里面去了，也就是说在这个状态下，我是第一个被哄进去的，因为我是外地人，他们胆子比我大，我还是比较守规矩的，所以也非常荣幸，我成了秀水街第一个在秀水街里做生意的人。

记者：您当时做的是服装，还拿到了牌照。

孟宪明：对，我记得非常清楚，是秀水街第五个拿到牌照的人。

记者：18 岁应该说非常小，当时做生意苦吗？

孟宪明：20 世纪 80 年代对于中国的大多数商人来讲其实都是一个奋斗的年代，80 年代初期和中期很多的商人都有过这样一段奋斗的历史，那一段历史很多人不愿意拿出来说，也有很多人把它作为一种痛苦的历史埋在自己的心里了，我也很少说这段历史，因为我也和他们一样，觉得这段历史对我来说确实比较辛酸，也比较痛苦。刚来北京的时候非常艰难，有一段时间我们租房住，冬天都没有暖气，屋子里非常寒冷，我们就生活在那样的条件下，所以说那是一段非常艰辛的创业历史。刚来北京的时候因为人生地不熟，也不清楚北京是一个什么样的环境，所以遇到了很多很多的困难，我觉得这也是正常的，作为第一代的秀水人，我觉得值得骄傲的是我们在这个环境当中，找到了中国第一代创业者的这样一个落脚点，从而培养了一大批成功的人士，从秀水街走出了很多人都是非常非常成功的，我是他们其中不成功的一个典范。

记者：当时中国的服装行业有品牌吗？

孟宪明：应该讲中国服装业有品牌的发展也是从这一点开始的。比如说像中国过去服装业应该是以加工、对外加工为主，没有自主的品牌，国际品牌、国内品牌都没有，80 年代的时候我们自己的品牌很少，传统意义上的贸易都是简单的劳动密集型这样的加工企业，在秀水街，服装业有了一些初步的改变，比如说我们知道设计一些新的款式让用户接受、喜欢，然后推广新的服装，那个时代的人可能有这样的印象，今年流行什么，大家伙都穿什么，每年都有一个流行，那时候的流行从哪来的，很多都源于秀水街，秀水街是一种标志，它推的是什么样的服装，可能这市场上流行的就是什么样的服装，在这个条件下很多中国的设计师，年轻的设计师开始设计自己的服装作品，所以说真正的有创意的服装产业是从秀水街这个基础做起来的，当时秀水街卖的是外贸剩下的一些产品，尤其是国外的，国外的窗口也是从秀水街这打开的。

记者：您在秀水待了多长时间？

孟宪明：不到四年的时间。

记者：您现在回过头来看，那是一段什么样的经历。

孟宪明：从来没有总结过，如果说今天让我冷静总结的话，我觉得有一件事是对我现在影响非常大的。在服装行业，我没有创造属于自己的品牌，对于一个八年从事这个行业的人来说，我觉得这是非常非常失败的，虽然赚了第一桶金，在秀水也有盈利非常辉煌的历史，我认为这个行业我没有做好，没有做好的一个原因就是没有创造自主的品牌，那么到现在为止，中国的服装业，世界的大品牌也并不多，咱们也能看到我们现在穿的很多名牌还是意大利的服装，我们中国的服装设计师很少有能够跟意大利的服装设计师相抗衡的人物，这是为什么？我觉得当初打基础的时候，我们的基础打得不好，我们当时秀水街销售的这些服装产品，很多都是外贸转内销的，也就是说外国的设计师设计好的作品，拿到中国来销售，我们穿的衣服很多都是国外流行的，我们不用自己去设计，都是拿来主义，那么服装业发展这么多年之后，我们发现现在有一些我们自己的自主品牌，但是现在最趋于流行的和最有影响的还是世界品牌，也就是说在那个最基础的年代，我们没有利用那个快速发展的和良好的发展环境去培养中国自己的服装设计师，也没有建立中国面料的生产企业，我认为这也就是中国现在没有超一流的服装设计师的一个主要原因。

记者：可能也跟当时的环境有关系，没有品牌意识。

孟宪明：我觉得不单单是没有品牌意识，还是咱们本身有一些问题。提到秀水这件事，我心里面一直有一个痛，有一个结，做了那么多年的服装，在这个行业里应该说我做得算挺不错的，如果按公司说，个人公司来讲当年服装做得最大的，我觉得我应该能排到前三名，就是年销售收入能够排到前三。

记者：是在秀水还是整个行业。

孟宪明：整个中国服装业，秀水只是我的一张脸，实际做服装不在这一块，主要做出口。为什么是我心里一个痛呢？就是当时做服装的时候我没有服装设计师，也没有找服装设计师的想法，基本上所有的面料、辅料和服装款式都来自于国外，我们自己国内做的一些面料主要像纯棉的面料，比如说像纱卡、卡其布等等小帆布这些面料，这些面料由于中国的纺织业是一个属于中低档大规模，靠量来取胜这么一个粗放的生产模式，造成了中国整个服装业从各个方面来说你都觉得非常的繁荣，但是就是价格上不去，然后品牌没有建立，这也就是当时我认为我心里的一个痛。

给你说一个例子，中国那时候光河北石家庄就有十几家染厂，十几家织布厂，这些染厂每天都在放量生产，但后来都关停了，我认为这不是因为成本太低，而是技术落后，没有往上游发展。如果你对服装业稍微有一点了解的话，你就会知道，中国做了很多期的服装节，像大连服装节等等，这些服装节其实也培养了一些中国品牌，也培养了很多中国的设计师，但是从面料和辅料这个环节来说，我们没有任何的提升，我们提升的很小。你看现在外国的那些大品牌，为什么会有那么好的产品出来？首先来说他们基于一个最基础的就是面料、辅料，然后他们有培养设计师的环境，就是说企业能养得起服装设计师，能养得起服装厂，同时也能支撑面料或者说是原辅材料的生产企业，能支撑他们的利润，中国的这些染厂和染布厂、织布厂、染织厂，为什么大量的最后都倒下了，最主要的是生产条件落后，产品更新换代比较慢，同时他们没有注重往上游发展，他们只卖面料，没有自己的服装品牌，没有自己的服装设计师。我记得非常清楚，当年中国也培养了这样一些人，但是由于各种各样的原因，这些人最后都倒下了，所以我说秀水街这段经历既有我的辉煌，也有我的痛，这也是我不愿意说的，因为在那件事上我认为我是失败的，不是在创造一个产业或者创造一个企业，而是靠简单的模仿和复制在做生意，这也是我现在为什么要做一个游戏品牌的主要原因。今天互联网的企业也正好是中国这些曾经有过创业历史的人，通过我们这些年轻人的头脑，就是80后、90后这些年轻人一起去实现这样的一个梦想，把中国制造逐渐过渡到中国创造，我们的互联网产品现在中国创造很多，我认为只有这个互联网企业才能够领先于世界或者与世界同步，这也是我特别喜欢这个行业的原因，也是我这样一个60后的人对80后尊重的一个主要原因，我认为80后的人有创造性。

做产业，做文化

记者：您刚才说品牌的想法是从秀水那里延伸到现在的？

孟宪明：对，我觉得是从80年代一直到今天，这20几年来我一直在想的一件事，创立一个品牌。

记者：您觉得品牌意味着什么？

孟宪明：我觉得品牌意味着一种文化，一种可以传承的文化。我们今天回想起中国的企业，中国能够让我们记得住的企业，传承百年的企业也就那么几家，同仁堂是我们的品牌，民族品牌，为什么能做好？同仁堂做的不是药，是文化，同仁堂到现在已有 300 年的历史了。

记者：同仁堂最早是从一个药店发展到现在。

孟宪明：对，一直发展到现在，同仁堂这个品牌值多少钱我不知道，但是我觉得这是花多少钱没办法买得到的一个牌子，这不是能用金钱来衡量的，我相信这个品牌也是不允许被卖的。老百姓认同同仁堂，用户认同同仁堂，这是为什么？一种质量，一种原创，同仁堂的药从制造开始，应该说涉及了所有的程序，作为同仁堂来讲它的药能治很多的疾病，它不是简单的给别人加工，它是具体针对每一种病做一种药，而这种药一定比其他的药更有效。我觉得几百年来同仁堂这块牌子之所以价值连城，一个最主要的原因它不是在做药，它是在做文化，做品质，做质量，做品牌，做信用。那传承历史比较久的还有全聚德，一百多年的历史，一只鸭子做了一百多年，我觉得他不是在做饮食，也是在做一种文化。那我们其他产业里面有这样百年传承的，很少。

记者：您刚才说的这些传统产业传承下来给人一种厚重感，但是像游戏它是一个文化创意产业，怎么样才能让人觉得它源远流长和给人一种厚重感呢？

孟宪明：美国的电影业好莱坞，包括美国的一些像迪斯尼，这样的企业也有几十年的历史了，那好莱坞之所以能传承到今天，我觉得它不是一个简单的电影公司，迪士尼也不简单是一个动画公司，我觉得它传承的最核心的娱乐也是文化，文化也可以变成一种娱乐方式来传承。游戏作为这样一种文化产品，如果没有文化内涵的话，这种娱乐产品我觉得不能长久，而且我觉得它的生命力也不会旺盛，留在今天还能够有上百年历史的一定是文化，而不仅仅是一个产品，所以做游戏必须做文化。

松树理论（传统产业与文化产业的异同点）

记者：这是一个目标，或者是一种未来的前景，它开始创造一种关于游戏的文化。您刚开始做传统产业，您有传统产业也有自己的产业，您有一个松树理论，那这个传统产业跟这种文化产业中间没有什么矛盾吗？

孟宪明：我觉得所有的产业都是相通的，对于一个职业商人来讲的话，最重要的是对这个产业不了解，对这个行业不了解，所有的商业理论都是相通的，它都是找到最核心的用户，把对应的产品卖给这个用户，然后获取利润，都是这样一个过程，不管你是做文化产品也好，做传统产品也好，做服装业也好，不管你做什么，它都是相通的。对于我这样一个做传统产业的人来说，我觉得唯一不同的是我比这些年轻人多了一点点的商业经验，比如说马云他把阿里巴巴建设成了这样一个让我们非常尊重的一个公司，阿里巴巴从过去到现在的发展历史，你会看到它有很多的与众不同，阿里巴巴也创造了很多奇迹，但是归根到底来讲他就是把一个传统的产业搬到互联网上来，用便捷的这种信息方式缩短了人们采购商品的时间，减少了我们的中间环节，提高了商家的利润，让所有传统产业能够彻底展现在人们的面前，而这个过程不再需要一块地一个商店一种简单的广告，同时也提高了商家与消费者之间的交互关系，这就是马云的创新，但归根到底也只是一种销售模式而已，这种创新可以说成是一种微创新，没有根本的创新，但是就是这种微创新创造了阿里巴巴这样一个商业帝国。

再补充一下松树理论，我认为互联网业虽然很新，但是互联网业缺乏的是什么？是经验，是传统的商业经验，他们发展的非常快，但不够厚重，年轻人有闯劲，但经验不足，对于我这样一个出生于 60 年代的人讲，我对商业有着自己深刻的理解，所以在我的脑海里首先第一个浮现的就是我怎样创造一个品牌，而不是在短期之内赚到钱，因为我已经是赚过钱的商人了，所以品牌的建设倒成为我目前来说最重要的一件事情。基于这样一个前提下，我在做游戏产业的时候，我所想到的就是怎么样把我过去的经验带到这个行业中，包括商业的运营经验，创立品牌的这种经验，等等这些，还有最主要的是基础，这些年积累的这些经验和基础，使我更容易在这个行业里找到自己的位置，找到自己的发展方向。在做事的时候，传统产业的人和互联网人有什么不一样呢？就是说传统产业的人更有耐性和耐心，因为传统产业的利润相对比较低，这种耐性和耐心我可以给你做个比喻，互联网这些年轻人他们有朝气，而这些做过传统产业的人他们相对比较厚重，这两类人走到一起就像杨树和松树，他们就好比杨树，我们就好比松树，我们的思维比他们慢，比他们发展的慢，比他们成长的慢，松树比杨树成长的慢，但是松树你会看到它的目标很明确，它一直向上长，它虽然也有一些枝杈，但是你会发现它像一个箭头一样直接向蓝天插去，它的目的很明确，它就要长高长粗长大，它把精力放在主干上，而杨树它要考虑的是枝繁叶茂，它要很快速的成为一颗参天大树，这两个东西比较起来，松树它的质量要比杨树高，而杨树比松树长得快，哪一个更好，我觉得我不去评论它，但是我相信我喜欢松树，因为我觉得真正的栋梁之材一定是松树。

记者：您刚才说松树一直会往上长，它会坚持不放弃，有一个具体的目标，那您的目标是什么？

孟宪明：创造一个中国的游戏公司，让世界去尊重，做一个受人尊重的有文化的游戏公司，这就是我对这个企业制定的目标，准确地说我们虽然现在还不如暴雪那么在世界上有知名度，但是我相信未来你能在中国看到这样一家游戏公司不输给世界上任何的游戏公司，包括暴雪，这就是我们的目标。

记者：游戏公司也需要大笔的投资，有可能在短期内得不到很好的回报，

那您是怎么解决资金问题的？

孟宪明：先期都是我们自己投入的，也就是说先期是我在投入，后期我相信随着公司价值的提升，会有一些投资人，新的投资人进入到这公司里来，从而使我们这个公司资金更加充裕，对于这样一个公司来讲我想也特别需要这样的投资人，他能带来的不单单是资金，同时也带来一些新的理念，一些新的资源，还有一些新的想法。我相信今天的互联网企业不像过去的传统产业，我一个人打天下，或者说我们几个人打天下，而是大家一起打天下，这时候的企业需要的是充分的开放，不管从它的资本结构，还是从它的业务结构，它必须有一个开放的心态才能够在这样激烈的市场竞争中找到它的位置，找到它的突破点，所以新的投资人进入是我们必须走的一条路，而且我们相信在这条路上走起来也会非常非常的顺畅。

记者：现在有没有投资人注入资金？

孟宪明：有。我们会在今后公布我们新的投资人是谁。

记者：您曾经说您觉得您是60年代人心里最富有的？

孟宪明：在我的脑海里面世界上有很多有钱人，我对有钱人有两个定义，我觉得他们可以分为两类，一种是兜里有钱的人，另一种是心里面有钱，兜里面有钱的人很多，但是心里有钱的人不多。

记者：怎么解释心里有钱？

孟宪明：我认为心里有钱的人从来不恐惧自己的兜里有没有钱，他们不在乎身上的财富，而在乎心里的财富，他们的这个财富积淀了这样几个点，第一个是他们有充分的资源、知识，还有信仰，有理想，有社会责任感，这种有钱人我觉得是最可怕的有钱人，这也是最值得尊重的有钱人，像比尔·盖茨，李嘉诚，我觉得他们的钱不在他们的兜里，而在他们的心里。

记者：您认为文化产业还是从事传统模式，只是换了一种思路吗？

孟宪明：换了一种商业手段和商业方法，或者说换了一种营销手段，我这个可能会被互联网业的朋友们鄙视，我认为它是新的营销模式融入到传统产业中，这就是咱们今天的互联网企业。

记者：这是您对它的总结。

孟宪明：这是我对我现在从事这个行业的总结。

记者：所以他们有的东西都是相通的？

孟宪明：所有的商业模式都是相通的。

记者：您刚才说到所有的商业模式都是相通的，我觉得这跟您长期从事传统产业有关系，您看您从 18 岁就开始做服装产业。

孟宪明：对，那时候就开始做服装公司了，整整在服装业打拼了八年，后来又建立了自己的工厂，一直到现在还在做。

记者：你还建立自己的工厂？

孟宪明：对，有自己的生产企业，在做服装业这个过程当中，有一些深深的感触，除了建立品牌之外，还是想创造一个和员工一起能够共同生活享受快乐的一个环境，从这个角度出发去建立的传统产业。有一个最有意思的事就是我们在做服装的时候，那时候是 20 世纪 80 年代，劳动法还不完善，很多员工都是十几岁的孩子，十六七岁、十七八岁的人在服装厂里面打工，在做纺织工人，或者缝纫工人。我曾经在工厂里盯生产进度的时候，还在服装厂里面住过，在厂里晚上和员工一起加班，感觉那时候员工的生存环境非常的恶劣，每天工作时间也很长，那时候我就想要建一个自己的工厂，这个工厂首先我要建员工宿舍，员工食堂，让员工有好的工作环境和生活环境，创造一个我认为理想的工业企业，就是员工至上的这样的工业企业，所以我后来做了实业。那这样一个过程使我对人生对企业对商人，对做一个好的商人有了自己这样的一个认识。

记者：您觉得好的商人是什么样的？

孟宪明：我觉得一个非常好的商人要有社会的责任感，要有责任心，其实你就想不管你做多大一个商人，你拥有多大的财富，最后你还是要留给这个社会的，你早晚要离开这个世界，你离开这个世界的时候，把这些你创造的财富扔给了这个世界，你还不如活着的时候把这些你所创造的财富跟世界共享，我觉得这是我想明白的一件事。

记者：您刚才说在秀水其实是您的一段痛，为什么您不用自己的服装厂和自己的制作创造属于自己的品牌？当时是怎么想的？

孟宪明：这就是我心头一个痛，那时候毕竟还年轻，对于商人这两个字的理解十分浅薄，一个什么样的商人是一个成功的商人，一个什么样的商人是一个伟大的商人，一个什么样的商人是一个非常职业的商人？对这三个问题我觉得我没有很深刻的理解，而且在那个时候对建立品牌我没有任何的认识，所以今天回想起来，是痛，是遗憾，如果当时我能够想象到自己创造自己的服装品牌，也许今天你看到的我已经不是一个做互联网的人，可能是一个在中国服装业能够呼风唤雨，在世界服装舞台上能够鹤立鸡群这样的人。

记者：现在还想做吗？

孟宪明：应该这么讲，最好最佳的时机已经让我给错过了，现在再想在服装业重新立足脚的话，我觉得非常非常难，一个是我觉得那个最佳的发展时机被我错过了，而且我那时候相对比较年轻，学习的精力也非常的充沛，

中国创业者
采访本
Chinese
Entrepreneurs
Interview
Book

学习的劲头也非常强，现在我觉得我又热爱游戏这个事业了，我不可能再返回去做服装业。

自我定义

记者：这么多年的经历，您对自己有一个什么样的总结？

孟宪明：像前面说的，我觉得我是一个有浪漫主义色彩的理想主义者。

记者：这怎么解释？

孟宪明：浪漫主义色彩我觉得我不是一个理性的商人，是一个感性的商人，经常会做出一些违背或者说有违商业理论的一些事。比如说做单机游戏这件事情就有背商业理论，有背社会潮流，有背丁最基础的商业法则，但是同时我又是一个有理想的人，有理想的人如果光是浪漫主义者，光是理想主义者，我觉得这人一定是疯子，但我又不是疯子，所以我虽然是富有浪漫主义色彩的理想主义者，但我在感性的同时为了理想会保持冷静。从这个层面上来说，我对我自己的评价是我可能成不了金钱上最富有的人，但是在精神上我一定会成为最富有的人。

记者：您刚才说您是浪漫主义色彩的理想主义者，可是我想对于投资者来说，他们对于投资肯定是非常理性的，那您怎么说服他们把钱投给你呢？

孟宪明：二十几年的经商经验告诉他们在理想主义的前提下我的浪漫主义色彩是可以充分实现的，但同时我也会为我的投资人创造无穷的财富，给他们得到他们想得到的回报，我觉得创造出他们想要的回报，这也就像我前面说的我是一个职业的商人。

记者：您说您是职业商人，有二十几年的从业经验，这些可能不足以说服投资者，那您能给我具体讲讲这 20 几年里您说服投资者的一些事情吗？

孟宪明：8 年的服装经验，我曾经做到了服装业里面最辉煌成绩，我曾经创造过出口加工排名第三这样的业绩，我觉得足以让我拿着这段经历去辉煌，同时我做了 12 年的工业企业，到现在还在做，这种意志或者说这种精神我觉得也值得他们对我尊重。你也知道中国有一个企业的理论就是说我们的企业几乎是在五六年的时间就会倒闭，中国的中小企业发展有一个怪圈，就是它的企业生命周期只有六七年，我的企业已经 12 年了，依然健康的存活着，这样的经验这样的经历让投资人足可以相信我有这样的能力创造一个百年的企业。

家族式的企业，现代式的管理模式

记者：您觉得企业经营最重要的是什么？为什么您的企业能存活十二年？

孟宪明：第一个是行业选择，第二是管理模式的创新。

记者：您的管理模式是什么样的？

孟宪明：家族式的企业，现代式的管理模式。我解释一下，什么叫家族式的企业？我们今天这个公司，我觉得这是一个纯粹的家族企业，从我们的管理来讲，我们所有的管理方式都是最现代的。为什么说我这是一个家族式的企业，而不是家族式的管理模式呢？作为企业来讲，我们中国文化很大程度就是关系决定我们这个事能不能做成，能不能做好，我们这个企业没有一个孟氏家族的人，没有一个真正的亲戚，之所以说是家族企业，是因为我周围的同事和我的关系就像一家人一样，这种关系的保持我觉得对企业的发展有帮助，很简单如果你把你的同事都变成这个公司的一部分，让他们成为这个公司的主人，成为这个公司真正意义上的股东，他们就更有责任心把这个公司做好，这个也就是我说的我们之间的关系不是管理者和被管理者之间的关系，而是一种亲情的关系，所以说这是一个家族企业，虽然没有血缘关系，但是建立了一种亲情的关系。另外一点就是管理模式不能用家族式的管理模式去管理企业，把它就变成家族式的企业现代的管理模式，这样这个企业才能传承得更长远、更长久。这不是我发明的，中国的过去像同仁堂也是这样的企业，同仁堂我认为是一个真正意义上的家族企业，到现在它的家族观念也非常强，虽然那些人没有任何的血缘关系。

记者：怎么来维持这种家族企业的关系呢？

孟宪明：家族企业的特点就是家族每一个人都会拥有这个家族的利益，这就是财散之人聚这个道理。

生命中的那一抹遗憾

记者：您在从事服装和工业行业中间有没有遇到比较大的坎儿？

孟宪明：每个企业家都会经历这样一个过程，我碰到了很多很多的困难，比如说企业发展过程当中遇到了很多发展的问题，尤其是在做服装业的那八年，那时候我没有过渡好，它本来是可以作为中国的一个服装业的龙头上游去做服装的设计，做自己的品牌，但是由于 1997 年是亚洲金融危机，当时中国的纺织业几乎是全面停滞，出口下降了将近 90%，中国的服装业也受到了重创，这次危机对中国整个服装业的从业者来说都是永远铭记在心的，我是在那一年转型做的工业企业，作为一个职业商人来说，这是我最不职业的一个点，也是我的痛。我人生当中最后悔的就是这件事，当时如果我不转型，把精力放在国内消费者身上，建立中国自己的服装品牌，这是一个特别好的契机，1997 年很多的中国服装的品牌都是在这个时间建立起来的。

如果有机会的话，我还会回到服装业去，我一定要把这个痛解决掉。

记者：您能说说您当时做工业时的一些情况吗？

孟宪明：由于传统产业是被动的服务业，不是直接面对用户，被动的企业我相信不会有特别大的发展，只是它生存的好与坏的区别。我现在虽然做的还不错，但是我不认为它有很好的发展前景，原因很简单，它如果不往上游走，不直接去面对用户，它永远是被动的，就是把自己的安危系在别人身上，这样就很难做大做好。

记者：现在这两个行业共同发展的话，您的精力够吗？

孟宪明：传统的产业已经非常成熟，里面它有自己的管理者，有自己的商业模式，现在基本上不会花费我太多的精力，我的主要精力就在这个游戏的公司里。

自己所独有那份坚持

记者：最后有什么感受跟我们分享？

孟宪明：我给你讲一个我在服装业的小故事吧，当年做服装之所以做的好的原因。我记得当时拿到外商订单的时候，他寄过来一件上衣，我看着这个上衣特别别扭，因为已经打样确认完了，就要投量生产了，我发现这个上衣的兜的位置特别不符合咱们平常的习惯，我们平常的习惯很简单，就这样插进去了，而这个兜是反向插兜，设计的非常漂亮，但是我觉得这个兜的设计是有问题的，原因很简单，我们没有人这样插兜，也不可能这样插兜，所以打完样之后，我就发了一个传真提出了我这样一个异议，得到的答复很简单，请按我们原样制作，你的疑虑他们根本不会去理会。按照常理来说，我按照款式制作 12 万件，完成之后我的任务就完成了，因为之前是经过你的确认的，万一出现问题也跟我无关，可是我是一个比较一根筋的人，我觉得这是不符合常理的事情，一定是有问题的，我又写了一个传真，这个传真写的非常长，写了三页，把这个服装我认为不符合情理的地方，以及制作之后会带来的后果等等这些，我都写到传真里边了，同时我告诉对方我新打了一个样，按照我想象的状态，对服装的款式进行了修改，修改完成之后，打了一个样品之后传递给对方，三天之后他们就能接到我们新打的样品，我们跟服装设计师因为这件事也有一些沟通，也给他写了一个这样的传真，我希望他认真看一看，最后成品样是不是他的设计理念，是不是他们在这个设计上出现了问题，当然也是比较客气委婉地说了。当他们看到我这么坚持，他们总部给我来了一个传真，这个传真回的也很长，说我们这个服装设计师是非常有名的服装设计师，我们是严格按照服装设计师的原样，同时经过了市场的认定之后，也就是他们咨询了用户，同时也经过了他们的审核，才把这个最终确定的这个样品，也非常感谢我提出这样的疑问和建议，他们收到样品之后会考虑，但是请按我的生产订单生产，这是第二封给我的信。其实按照一般人的常理，就不会再坚持了，因为这样的一封信意味着在外国人在告诉你我们才是真正意义上的服装设计者，我们才是有经验的公司，而且我们经过了论证，你不要再跟我探讨这个问题了，这既有客气的成分也有反感的成分。我又写了第三封传真，我说我知道你是个伟大的公司，我也知道你们做事非常严谨，同时我也了解这是了不起的设计师设计的作品，但是作为一个跟你合作的伙伴，有义务有责任提出自己的看法，同时我已经把新的打样给了你们和服装设计师本人，我希望你们在最短的时间内给我答复，如果你们肯定的告诉我说这个就是你们想要的，不管它违不违背消费者的意愿，是不是你们找的消费者就是你们认定的目标用户，那么好，我会按照你的生产要求生产出符合你们品质要求的产品。第三封信发出去之后，我们打样了两件，一件发给了公司，一件发给了服装设计师，服装设计师发现新的打样和原有的打样不同之后，他迅速和合作的公司取得了联系，他发现他犯了一个巨大的错误，而这个很大的错误确实对产品有巨大的影响，经过这个兜的细节性的改变之后，使这个服装设计师对我们这家公司有了不一样的认识。我还清晰地记得这个服装设计师给我发的传真是这样写的，他说我从来没有遇到过这样一个认真负责的中国公司，一个不是服装设计师的设计师给我提出这样宝贵的意见，我已经改正了自己的错误，一个设计师承认自己在这上面有错误，同时希望按照你们提供的样品进行批量生产，公司也给发了确认函，最后确认就是我提出来最后修改过的这样一个服装款式。这件事使我赢得了每年大概有 20 万件新的订单，同时每年有 120 万条的裤子也交给我来生产，您现在在中国在市场上看到的大的品牌的休闲裤，那些品牌都是我的合作伙伴。

做一个职业人

记者：您说您是一个职业商人，为什么想到去做一个职业商人？

孟宪明：因为不会干别的。

记者：这跟您的成长经历有关系吗？

孟宪明：我从小喜欢经商。但是我觉得不管做什么一定要做的非常职业，我说的职业商人不是说我的职业就是商人，我是说做一个非常守规矩的商人，商人也有规矩的和不规矩的，职业的和不职业的，我想作为一个职业商人来讲，就是要做什么行业都成为典范。如果按照我小时候的理想来说，我想成为一名老师，如果做一名教师，我也要成为一名职业教师，我觉得不管做什么一定要有一个标准，这个标准就是职业。

记者：您为成为职业商人做了哪些努力？

孟宪明：比如说减少自己的欲望，这是我最大的努力。世界上的生意分

中国创业者
采访本
Chinese
Entrepreneurs
Interview
Book

为两种，就跟做事一样，也有可为和不可为之分，不能做的，违反原则的，即使有丰厚的利益我也不做，所以到现在我依然保持做最简单的生意，这个生意一定不能依靠任何的外力。

企业文化

记者：您怎么理解企业文化？

孟宪明：这个公司是大家的公司，创业是大家共同努力的一个过程，如果我们能够成功的话，这一段经历对于我们每一个人来说都是非常有价值的，不管它以后干什么，对他们以后的人生都会带来巨大的影响，当然最终要的还是经验，这些禁言可以让他们在今后的创业中少走一些弯路，少遇到一些失败，所以我觉得我们这个公司真正的文化就是传承。

记者：当时网元圣唐这个名字是您起的吗？

孟宪明：对。"网"就是互联网的意思，"元"是开始，新纪元，一个新的开始，圣实际上是顶级的意思，唐是唐朝的意思，这三个字在一起就是元圣唐，寓意就是要像唐朝一样鼎盛。

面孔八 | 李 黎

语 录：

我们不能简单地说文化无国界，因为每个国家的文化有其特殊民族传统与历史渊源。但是文化的确能够超越很多政治和意识形态的限定，因此，更容易拉近人和人之间的距离。

我觉得我人生最有价值就是你始终保持着一种生命力，一种热心，一种激情，同时能够正确认识自己的价值；此外，你做的东西你能够意识到这个东西一方面是你自己兴趣所在，另一方面对社会是有价值、有贡献的。很难得的就是两者相辅相成，违心地做一件事情是非常痛苦的事。

李黎，美中基金会创会主席、行政总裁，美在其中文化发展公司总裁。

创业者档案

中国人民大学特聘教授、中国人民大学志愿工作者爱心顾问、中国人民大学高级职业指导顾问。从人大才子、北大新锐、到美国杜克大学精英；从内蒙古知青创业队长、青年诗人、到朦胧诗的理论领袖；从跨国企业家，到美中著名 NGO 的领军人士，李黎的人生之路可谓精彩非凡，闪光不断。

记者印象

见到李黎先生时，他穿着一身英伦式的格子西服，头上戴着一顶洋气的八角帽，五官精致，言行得体，温文尔雅，极有品味。都说浪漫是诗意不死的追求，写诗的人是浪漫的，他们的追求有一种美感，也有一种价值感、责任感，追求美的生活绝对不是矫情不是装腔，是一种超越于世俗生活更高层次的享受。正因为如此，曾经作为诗人的李黎，虽然经过上山下乡时的艰辛，经历过创业的挣扎，但始终保持一种生命力、一种热心、一种激情，20 多年一直为中美文化的连接、发展做着努力。他说，你做的事情要能够创造价值，对社会、对国家、对人类要有所贡献。

情系红杉
——对话美中基金会
创会主席　李　黎

美中基金会的建立

记者：您最近在忙什么？

李黎：今年是中美乒乓外交 40 周年，也是基辛格秘密访华 40 周年，40 年前中美还是敌对的状态，40 年后的今天变化翻天覆地，两国人民不再敌对。今年我们会有很多纪念活动，尼克松虽已过世了，但是基辛格现在还健在。

记者：今年他多大岁数。

李黎：88。

记者：您跟他接触过吗？

李黎：对，你看我们网站有我跟他的合影，就像你我现在一样，我们俩单独面对面聊了有一个多小时，确实很有收益。

记者：您跟他聊些什么。

李黎：主要谈中美双边关系，他也特别赞赏中美基金会这个创意，非常赞同我们全职来做这件事情。他说，专注地全神贯注做一件事情跟业余做是两种不同的境界；另外他还说到做中美双边交流是非常有意思的一件事情，既有意思，也有意义，更有价值。所以他非常支持我们美中基金会专注于中美关系这件事情。

记者：您现在从事的事业，对中美关系不管从文化角度来说，还是从其他方面来说，都是一个桥梁的作用。那您当时建立基金会最初的目的是什么，是想把美国的东西传递过来，还是把中国的东西传递过去？

李黎：当时创建美中基金会主要是感觉中美两个大国之间没有这么一个民间的基金机构去持之以恒地全力关注中美关系的发展。在美国，我发现有很多 NGO 以两国合作为宗旨，比如说美国日本基金会，美国韩国基金会，美国英国基金会等，国与国之间的基金会相当之多。我后来了解一下，虽然这叫，但也都是民间机构，并不是两国政府之间搞的基金会，你很难想象美国政府和中国政府搞一个两国共有的一个基金会。都是一些民间人士由于对两个国家的关系或者交流或者是互动比较关心，比较有兴趣，就搞了这么一个机构。所以我们觉得中美两个大国之间这种互动是势在必行的事情，我们不做也会有别人做，所以我们率先发起，跟一些志同道合的美国人与中国人一起做。

我们的初衷就是要更好地促进两国人民之间的交流。中美关系，绝对不是两国政府的关系能够涵盖的。而且，民间交流的内容肯定更加丰富，更加多彩纷呈，涉及的面也肯定更广一些，所以民间和官方正好构成一种互补。

有的时候民间交流在某种意义上能起到政府起不到的作用，尤其在一些敏感问题上，或者当两国政府处于比较微妙的关系的时候，民间交流是属于所谓"静水深流"那种持之以恒的一种交流，是永远割不断的。

记者：从建立之初到现在多少年了？

李黎：从成立到现在一共是 19 年，1992 年建立的，明年就 20 年了。

记者：将近 20 年的时间，很不容易，您觉得从当时成立之初到现在有一个什么样的变化？

李黎：成立之初，一无资金，二无影响。而现在，虽然还是以原来那些发起人士为主，但新加盟的会员、理事、常务理事、顾问等等总数已逾数千人，而且遍布中美两国各地。美中基金会已经成为中美两国之间一个有影响的非政府机构，一个声誉卓著的国际合作与国际交流的平台。可以说，我们的朋友遍天下！这就是我们 20 年最大的成绩，最引以骄傲的成果。

记者：在这将近 20 年的时间里，您做了哪些交流和互动，哪些是让您的印象比较深刻的。

李黎：非常、非常多，毕竟是近 20 年的一个时间段。实际我们每年都做很多事情。十多年来，我们也一直在持之以恒的做这件事情，所以在各个领域的交流和互动是非常多的。比如说我们当年在 20 世纪 90 年代的时候曾经举办过中美中秋酒会，在中国大饭店，当时新华社的同志也来过，我的同学王海征就在场，中国日报还以头版报道登了现场的照片，当时基金会美方的高层人士是一个非常著名的大学校长，中方则是中国首任驻美国大使，他们相互祝酒，因为正好是中秋，祝中美友谊，但愿人长久，千里共婵娟。虽然时区不一样，但是友谊是长存的。当时报道之后，很多国际的媒体，包括英国 BBC 找到我们，要专访美中基金会。在千禧年 2000 年，我们在纽约以"携手跨入 21 世纪为题"，探讨中美 21 世纪的合作与发展这个主题，举办了美中论坛的首届年会，这个被中国驻纽约总领馆评价为中美交流史上在纽约地区搞的规模最大、层次最高层的论坛，嘉宾云集，包括刚刚从中国回到美国的驻华大使尚慕杰，专程从华盛顿飞过来做主题讲演，柴大使 83 岁高龄携夫人专程从北京率团来美，做了主题发言。基辛格博士，还有当时的国务卿，也都在论坛期间参与，并且会见了所有的中方的代表。论坛举办了两整天，气氛热烈，闭幕式上还搞了一台中美合作的音乐晚会，非常的圆满。被美方高层人士评价为"世界级的论坛"（world class）。次年又在硅谷做了 2001 年的论坛，中美之间高新技术与风险投资论坛，当时硅谷最有名有姓的风投公司大概有六七十家也都来了，非常的热烈，中国驻旧金山的总领事王云祥也专程过来做主题讲演，鼓励中美企业家在硅谷，在加州合作。此后，2002 年，在北京、沈阳、大连做了投资与发展论坛；2003 年在杜克大学做了中美传媒论坛；2004 年在上海做了美中环保论坛，美国前总统布什作为主讲嘉宾，起草并通过了上海国际环保宣言，这是中美共同对环保事业的一次关注。接下来在人民大会堂做了中美教育论坛，老布什第二次参加并做了主题发言，针对中美之间的教育合作项目还举行了签约仪式。

记者：都涉及哪些领域？

李黎：你看，文化、教育、经济、传媒、环保都涉及。最后我觉得值得一提的是 2009 年中美建交 30 周年，我们又在美国搞了一个非常有影响的系列活动，叫"万里共婵娟"。本来"但愿人长久，千里共婵娟"是苏东坡的一句名词，我们把这句话改了一个字：中国当时华夏神州是千里之遥，而中美之间单程就万里，所以我们要"与时俱进"，万里共婵娟，跨越太平洋！当时国内也是去了很多各方面的人士，包括乒乓外交的参与者亲历者都从中国专门飞到美国参加这个活动。当时尼克松总统的女儿、女婿美国首任驻华大使伍德科克的儿子都到了现场，还有周恩来总理的后人，周恩来基金会的秘书长也专程到现场参加活动，并作了发言。在活动上我们颁发了中美友谊杰出贡献奖，举办了中美论坛的当年年会，同时在著名的纽约林肯艺术中心举办了"红杉树中美友谊之约" 专场音乐会，也是中美艺术家同台表演的大型交响音乐会，中外媒体都作了报道，包括新华社、中央电视台、凤凰卫视，还有当地的纽约时报、世界日报、侨报等。

专注中美关系领域 20 年

记者：按照您的专业来说，您的职业选择可能很多，当时是否有什么样特别的事情让您专注中美关系领域长达 20 的时间？

李黎：你说的完全对，我当时的选择确实挺多，因为一方面机会比较多，另一方面我兴趣也比较广泛。我原来在人民大学学文艺理论批评，到北大教诗歌美学，搞艺术哲学方面的研究；到美国之后是搞中西方的比较文化研究，所以我关注的事情比较广泛，尤其到美国之后，同时还兼着国内多个城市与机构驻美国的代表、特派员，等等。在工作与生活中，也就是在与美国社会的切实接触中，我发现当时中美之间的交流还是非常缺乏。当时我去美国的时候两国建交还不到 10 年，冷战那么几十年，两国曾经是非常敌对的。对于一般的美国老百姓来说，他们对中国的了解是相当有限的。美国人有时候的确比较自大，他们认为美国就是全世界，所以他们用不着了解别人，都是别人了解他们。从客观上说，媒体给他们什么样的信息，什么样的观点，他们就很自然而然就接受了，所以他们对中国的印象还停留在文化大革命甚至更远。所以我感觉中美之间需要这么一个立足长远的专业机构，能够持之以恒的关注中美双边关系与交流，以及其他方方面面的信息沟通。在杜克大学的时候，我当时做访问学者、留学生联谊会主席，当时我恰好接待了中国时任驻美国大使韩叙，韩叙大使也是中美外交使上很有名的外交家，从中美建交前的沟通他就参加了。当时韩大使给我们作过一个演讲，这个演讲令我印象很深刻，他讲的不是一般国家来的某个领导或者外交界的一个领袖人物常用的"官话"，他说，你们好好学成，学成以后报效祖国，为实现四化贡献力量，等等。同学们不应该仅仅满足于你们自己的学业，以及你们自己的专业，你们要多关心中美关系，读好、读懂中美关系这本大书；同时，你们要站在未来中国在21世纪国际地位上看待你们的留学生活，设计你们的未来。他的演讲对我很有触动性！所以后来我们把美中基金会的立足点定为"广结善缘，广交朋友，立足中美，贡献全球"，这十六个字就来源于韩叙大使的启发。

来到美国留学，像我们学文科的，不应该仅仅满足自己的专业，学点东西，写几篇文章，毕业之后拿个学位，在某个大学谋个职业，有个稳定的饭碗，过自己非常安逸非常平稳的小康的日子，我觉得这些不是我追求的那种人生理想，毕竟我是经过当年"上山下乡"那代人，在内蒙古我做过基层的生产队长，在人民大学赶上中国改革开放，做过校学生会的领导，本身我又参加了中国当时的文化论争，我觉得我的人生观之中包含一种责任感和使命感，既然时代和历史给了我这个机遇，使我在这个时候能到美国去，在美国这么著名的大学读书：杜克大学是尼克松总统的母校，也是宋庆龄、宋美龄父亲查理宋的母校，有这么一个好的历史机遇，我觉得我们应该看得更远一些，想得更多一些，为美中之间的交流与合作，为这个社会，为这段历史，做出我们力所能及的贡献。基于这些因素，我们决定要成立这样一个基金机构，这个想法大家一拍即合，这不是我一个人的突发奇想，而是有广泛的社会需求与社会共鸣，有很好的时代历史社会基础，套用现在的话说是有一个广泛的群众基础，即：大家都认为这是好事，是非常有价值的。

记者： 是有价值、有意义的事业。

李黎： 对。所以这样我就把这个想法跟我的导师，著名的后现代史主义文化批评大师杰姆逊博士说了，他跟学校高层领导作了一个沟通，并亲自带我见了杜克大学的教务长格雷菲斯博士。得到校方领导的认同，所以中美基金会最早的第一个动作，第一个办公室，第一部电话都是在美国的杜克大学落脚、落地的。

记者： 20 年过去了，您现在觉得您最初的目标实现了吗，未来有没有一些新的规划？

李黎： 应该说我们现在所做的，就是我们当时所设想的事业，我非常高兴中美基金会经过这么多年持之以恒的努力，在中美之间建立了非常好的平台，因为除了中美两国之外，它没有什么领域上的限定，比如说我们当时曾经考虑过，也有人建议过，是不是要有一个限定或界定，是不是可以叫做中美教育基金会或者中美文化基金会，或者中美慈善基金会，或者环保基金之类的，只叫中美或美中基金会是不是有点大而空了？但是经过我们几次认真的考虑和评估，认定：中美的双边合作与交流是方方面面、多视觉、多棱的、复合的主题，很难说中美基金会只关注一个领域，其他我们都不管。比如现在有人跟我说现在我们有一个中美之间非常好的环保方面的一个项目或者一个议题，或者我们现在有非常好的中美教育方面的活动，或者我们有一个非常好的比如文化方面的活动，我们说对不起，我们只关注什么什么，我们不管这个，我觉得那将是件很遗憾的事情，所以我们对中美关系与合作是全方面的关注，因为中美关系包罗万象，包罗了方方面面的领域与议题，所以我们的立意，或者我们抓的核心点就是"中、美"二字，亦即中美关系。

记者： 你胸前佩戴的这个是基金会的 LOGO 吗？

李黎：不是，这是休斯敦市长送给我的纪念章。

记者：对你们所做贡献的感谢吗？

李黎：应该说是一种友情吧！也是一种鼓励：因为是我们促成了休斯敦与中国沈阳市的"友好城市"关系，2007 年年底还举办了正式的签约仪式。

"美在其中"

记者："美在其中"，跟中美基金会的关系是怎样的？

李黎：顾名思义，美在其中，有美有中，美在其中是一个文化发展公司，在中国正式注册的，按照目前中国公司法的规定，公司名称上如果拿两个国家的名字注册是比较难的，你注册中美或美中文化发展有限公司，这个肯定注册不了，美国和中国涉及两个国家。但是我们又要突出我们这种关注或者我们公司的一个特色，所以我们在美中二字上动了点脑筋，于是就有了"美在其中"，既有美又有中，等于把中国与美国都包含在里面了。"美在其中"也是一语双关的，我们做的文化公司，搞文化艺术离不开审美，我们要做高端文化，要引领 21 世纪的先进文化，所以我们是旗帜鲜明的，我们美在其中文化公司做的所有项目，我们推出的所有文化活动都离不开审美，都与美相关，我们常说真、善、美，美是在最高端的嘛。我们亮出审美的旗帜，就是要反对低俗，反对所谓的"恶搞"，反对那种没有灵魂，没有精神意蕴的"纯娱乐"。任何一个公司都有自己的特色，你成立一个新机构，你给社会的贡献是什么？你的关注点是什么？我们的关注点是关心人的高端精神需求。也就是说怎么能展示21世纪中美之间我们的受众群体的更高端一些精神意韵，所以叫"美在其中"，这包含了双重的意思。

记者：美在其中是中美基金会运营的实体吗？

李黎：可以理解为属于中美基金会旗下的一个文化产业公司或者说文化发展公司，我们关注的很多都是美中之间的一些文化项目，比如我们现在推出的毛泽东与尼克松的电影是一部中美之间合拍的电影。另外我们要做的大型演唱会，比如抒情2012，我们请的有美国的艺术家和中国的艺术家；另外像"歌声琴韵交响音乐会"，这个音乐会也是由中美双方参与，演出场地两个国家同时都有：中国北京的国家大剧院与美国的一些主要城市，比如纽约、旧金山、洛杉矶、芝加哥、亚特兰大、休斯敦做巡演。

记者：文化之间的交流是不是更容易一些？

李黎：对，在某种意义上来说，文化是能够超越一些政治因素。

记者：这就是为什么从基金组织延伸出一个文化产业的原因所在。

李黎：对，我觉得这是比较重要的原因之一。此外，我觉得中国经过这么多年的改革开放，现在从中央政府到各地方政府都意识到我们的文化发展要更上一个层面，经济的发展应该带来文化的繁荣，但是这种文化的繁荣不是我们说一说就能做到，因为它不是一种简单的线性关系，也不是说经济发展了必然文化就繁荣了，它必须要有一批有远见卓识的人们领引新文化的一个发展，仅仅靠我们说一些导向的东西或者口号的东西，我觉得是不够的，需要扎扎实实做一些事情、包括一些具体的项目，去投入你思想耕耘方面的努力。

记者：你们做了哪些项目？

李黎：算下来也有几十项了。我们做过摄影展，像《外交家眼中的光与

中国创业者
采访本
Chinese
Entrepreneurs
Interview
Book

影》，就是我们非常优秀的摄影家，原来中国驻休斯敦总领事华锦洲的摄影展，因为他是外交家又是摄影家，所以我们给他定位叫外交家眼中的光与影，他将近 200 幅非常优秀的摄影作品，这些作品囊括了许多国家的风土人情，因为他在很多国家当外交官，包括英国、加拿大、泰国、印度、美国、斯里兰卡，等等。这个摄影展在北京、上海、深圳、海口已经做过巡展，我们马上到美国也会有一个巡展。你可能注意到我们做过很多次"红杉树中美友谊之约的音乐会"。

红杉树——中美友谊的象征

记者：对，您多次提到红杉树。

李黎：因为红杉树是中美友谊的一个象征，红杉树是来自美国前总统，也是我刚才说的我的杜克大学老校友尼克松总统的老家加利福尼亚，当年尼克松访华之前希望给中国人带点什么礼物，周总理说加州的红杉来自尼克松总统的老家，特别高大与古老的，能不能把这个树带来一棵，希望中美关系像红杉树那样根深叶茂，万古长青。尼克松总统访华时就真把这个小树带到中国来了，种在非常著名的杭州西子湖畔，是中美两国领导人一起种下的中美友谊之树，所以它就成为中美友谊和中美人民友好的象征。红杉树长大之后又分枝，种在很多不同的地方，中国现在有上千株红杉树，所以有一首非常有名的歌就叫《红杉树》，曲作者是我的好朋友沈传新教授。"在那美丽的西湖边有一棵红杉树，沐浴阳光，沐浴雨露，扎根在中国的沃土"。这首歌当年获得中华人民共和国文化部创作歌曲的大奖。这首歌是中美友谊之歌，所以我们把我们的音乐会主题创意为《红杉树，中美友谊之约音乐会》。

中美文化产业差异

记者： 您在国外待了这么长的时间，从文化产业这一块来看，国内做的怎么样，国外有哪些经验都是值得我们借鉴的？

李黎： 我觉得你这个可能谈到一些比较技术层面的的东西，或者是艺术的角度，或者是运作模式的角度。从操作层面上来说，我们在美国毕竟生活那么多年，工作了那么多年，还是能够把握一些海外创意产业，美国的创意产业是大家公认的做的比较好的，有很多值得我们去借鉴，像它的一些切入点，它的创意的一些理念，另外它整个制作这一领域，确实比较值得我们借鉴，包括像百老汇音乐剧。

记者： 比如说在模式上或者是系统的建设上有什么不同之处吗？

李黎： 首先要从市场出发，从受众群体来出发，而不是从观念出发。大家喜欢美国好莱坞的一些东西，但是这些东西其实都是假的，都是编的，但是为什么大家喜欢看呢？因为这些片虽然是编的，它却抓住了人的心理，能够让你看的津津有味，让你觉得它是真实的，让你感动，甚至流泪。

记者： 您觉得中国观众需要这种文化的传递吗？

李黎： 我觉得都一样，因为美国很多东西拿到中国来，效果也不错，比如《泰坦尼克号》、《阿凡达》之类的。我觉得比较重要的是，第一大家需要看一些有创意的东西，有新意的东西，有突破点的东西，因为不管是哪个国家哪个市场，艺术的生命就是创新，就是标新立异，你如果没有新的东西，艺术就没有生命，艺术的天敌就是雷同，就是模仿，所以我觉得创意产业必须能够独辟蹊径，把握住非常敏感、大家能够意识到却没有人写出来说出来

中国创业者
采访本

Chinese
Entrepreneurs
Interview
Book

的那些东西，这是"天才"和"庸才"的分水岭。

把握时代所赋予的机遇

记者：看到您的履历，经历非常的丰富。

李黎：我也不怎么搞创作，我主要是做艺术评论，文化批评，等等。

记者：20 世纪 80 年代去的国外。

李黎：80 年代中期已经不少人去了，从我们那个年代已经有很多了，尤其像北大，北大那个时候从 1984、1985、1986 年都非常非常多了，而且一些美国的学校、欧洲的学校很认北大，因为北大毕竟名声在外，人大、清华、复旦这些学校学生也都挺多的，至少在杜克是如此。

记者：当时您是一个什么样的机遇去国外，在国外生活有没有让您印象非常深刻，值得现在去回顾的事情？

李黎：先说你第一个问题，就是我怎么一个机遇去的美国。我本是学中文的，一直在中文系，英语不是强项，因为我不是英语系或者西语系，所以我的英语自然没有学英语专业的人好，而且我当年在内蒙古插队三年，原来学俄语，俄语后来也忘掉了，所以我的英语就是上大学以后从 ABC 开始学起的，所以你可以想象我的英语水平基础是很差的，如果让我去考托福，考 GRE 什么之类的，一方面我肯定是不行，另一方面我也没兴趣，因为我当时在中国文坛还是非常活跃很有影响力的，在本科的时候就参加了诗歌、文化论争，也有一定的知名度和话语权。

记者：所以您才会被评为当代文坛的一位新锐。

李黎：可以这样讲，因为我当时在诗坛上确实非常活跃。当时很多的青年诗人都把以我能评论一下他们的作品作为一种荣幸。我每天的信箱都是满满的，收到全国各地的来信。如果按照这种发展的轨迹，我可能会在北大去做我的学术研究，成为国内一个诗歌方面、理论方面与文化研究方面的领军人物。我并不十分适合出国留学，因为我语言上并无优势。我当时也是"无心插柳柳成荫"，我并没有想要去美国留学，但是特别巧的是我在北大的时候，偏偏遇到这么一个机遇，我认识了我后来的导师，就是美国杜克大学文学系的主席詹姆森教授，他当时在北大做访问教授，一个学期，讲授《后现代主义与文化理论》这门课。我在参加国际会议的时候就认识了詹姆森教授，后来他让我听他的课，这个过程中我们交流，大家成好朋友了。詹姆森教授特别关注中国当代文化，尤其是对朦胧诗运动，因为我当时参与了朦胧诗论争，大家说我是朦胧歌的理论领袖之一，我确实当时发表了一些比较有影响的文章或者一些有影响力的理论观点，所以杰姆逊就经常找我探讨这些东西，通过我了解当代中国文化的现象，因为他认为在当时 20 世纪 80 年代中期那个时间段中国文化现象是世界上独一无二的，世界上哪个国家都没有，他感到非常振奋。

记者：当时您是北大的青年教师？

李黎：对，青年教师。杰姆逊教授跟我讲他在北大可以跟一个大学本科生而且不是学这个专业的人去探讨尼采，去探讨沙特，去探讨海德格尔，探讨这些人的理论，这在美国是不可思议的，因为这是很尖端的理论思潮，但中国当时有这种氛围，大家很关注这个文化思潮，所以当时是美学热、哲学热、文化热。我印象很深，当时我们在读书的时候，夜里睡不着觉，大家争论到底什么是美，去给美下定义，探讨这些本体论的东西，这些人本的东西，因为你要探讨美是什么，艺术是什么，实际上这就涉及到人是什么，人性是什么，探讨最最根本的东西，就是艺术的起源，人类精神现象的起源，也就是人类为什么需要艺术，为什么有审美需求，为什么有宗教产生，为什么要有哲学这些东西。我们现在已经不关注这些东西了，但在那个时候大家都很关注。因此，杰姆逊教授对这些现象非常感兴趣，后来他就跟主动跟我说：你应该到美国去学习一下，去深入了解比较新的一些当代的一些理论思潮，所以他就把我带过去了，不仅免了我的托福和 GRE，而且一下就给了我三四年的全额奖学金，尽管我当时在北大还没有待够呢，但面对这个去美国深造的机会，我还是很难拒绝的。

记者：您是北大的老师，很难接受可以理解。可后来还是决定去了，对吧？

李黎：的确，那时候我的荣誉很多，作为青年评论家我们经常各地开研讨会：厦门、海南岛、大连开会，一会儿又在北京、上海、沈阳参加各种活动，让人觉得很充实，在社会上非常有价值感，更有一种使命感与成就感在里面。所以我实事求是地说我当时在国内还没有待够，我觉得去美国几年可能马上就回来，就是这样一种心态。有的时候要做出一个选择是挺难的。就像美国著名诗人罗伯特·佛劳斯特，在他的名诗——"没有选择的路"中说的：两条路在生命中延续，但是你在踌躇徘徊，你不知道该选择哪一条路，我觉得这个说的就是我当时的心情，但是我觉得还是要探索一下新的路，到底美国是一个什么样的国家，我们到美国能学什么东西，也是为了开阔国际视野，因为当时我已经意识到了光靠已翻译了的东西，光靠二手的一些东西、一些理论信息已经不够了，应该直接去接触一些最新的一些当代的理论思想，也确实是有很多新的东西值得我们去学习，值得我们去了解，值得我们去借鉴，能够吸收营养，打造我们一个新的，属于中国的一个文化和理论。

记者：如果去美国是无心插柳的话，那去人大呢？当年从插队到人大是

不是也是这样的一种机遇？

李黎：我觉得也是时代或者说历史提供了这样一种机会。那个时候中学毕业，十八九岁，当时都做好了在内蒙古插队，生活一辈子的准备。我去的那年是 1975 年，当时我们的信念就是"生在草原跨骏马，死埋草原望红霞"，因为我们当时的理念就是要去最偏远的地方、祖国最需要的地方，去边远的山区、牧区。去农村是为了缩小"三大差别"（城乡、工农、体脑），使我们向理想亦即共产主义理想向前又推进一步。共产主义就是要缩小、清除"三大差别"，实际我们现在做的事也是在继续做这件事，因为我们的最终理想是实现共产主义社会，使人人平等，人人幸福，即和谐社会与和谐世界。当然它是个渐进的过程。当时我们想的很远大，现在回想起来有点过于浪漫主义，你让知识青年们到农村干几年事业就能够实现共产主义吗？但是当时我们确实就是这么想的，我们也没想过上大学，好像就是到那儿插队一辈子了。

所以我就做了生产队长，做了知青创业队的政治指导员，把我的那些才智贡献给了广阔的科尔沁大草原，我甚至春节都一次家没有回，就跟当地的农民、牧民们一起过，一起扭秧歌、打花棍、演节目，也过的津津有味的，而且写了大量的抒发豪情壮志诗歌作品。那时候青年人特有的革命浪漫主义，那种情怀一发不可收。后来粉碎"四人帮"之后，国家重新又提出了"实现四个现代化"的宏伟目的，大学恢复正式公开招生，好在我从小就喜欢学习，从不怕考试，尽管那个时候在中学学的东西是有限的，尤其数理化很有限，但是我的文科功底，文化底蕴还是比较好的，经过一段时间的复习，1978年我以全旗文科第一名考上了中国人民大学，我的第一志愿就报到人民大学中文系，实际我上北大的分也够，但是我觉得我文科好就报人大，因为那会儿人大没有理科，只有文科，我想人大肯定在文科方面非常强，事实上也是如此，人民大学现在也是文科非常强的。

中国创业者
采访本

Chinese
Entrepreneurs
Interview
Book

记者：你当时是第一名？

李黎：对，是我们当地文科状元，旗政府的大门口还挂出了大红榜，挺激动的！

大学时代奠定价值观

记者：整个大学的生活对您现在的人生有什么影响？

李黎：我觉得影响是非常大的，在人民大学本科四年，研究生三年，这整个奠定了我一生开阔的理论视野与人生哲学。因为我在人大期间比较系统地读了很多理论上的书，包括像西方哲学史，西方美学史，中国古代美学，中国古代哲学史，现当代的思想史，我自己的专业更不用说了，中国文学史之类的都是我们的必修课，所以对文学现象到基础理论有一个全方位的把握，尤其我觉得幸运的是读书时期正是中国最开放，最活跃的时候，就是所谓的中国思想解放运动，大家博览群书，因为中国在"文革"期间毕竟锁上国门那么多年，与世隔绝，一打开国门这种新新空气自然都进来了，大家都是广泛的阅读，从伯拉图、亚里世多德，一直到康德、黑格尔，到现当代，到西方马克思主义我们都读，中国古代的东西也是，从《诗经》、《楚辞》、《离骚》一直到唐诗宋词元曲这些；从阮籍、嵇康到程朱理学；从玄学到王国维新学；所有的这种东西我们都是如饥似渴，非常非常的尽兴，这七年我学得特别过瘾。所以我觉得我树立了一个特别重要的方法论，就是学了西方古典哲学之后，你分析问题的时候，会有一种思辩意识，能够看的比较透，你的理论视野能够比较开阔，能够透过比较错综复杂的，比较乱人眼目的社会现象和文化现象看懂其中的一些规律，发现一些规律，总结出来一些理论上的东西，这样的话你作为一个比如说文化工作者，或者作为一个文化批评者，就能够把握住时代的脉搏，提出有自己一定见解的理论观点。

　　记者：从插队到您在人大读书的经历，再到中美基金会；从留美博士、学术精英，到现在中美交流的领军人物，再到创办文化企业的企业家，回过头来看您如何总结这段精力？

　　李黎：我觉得我现在做的事情就是我自己想做的事情，人生幸运的莫过于此，即：你做的工作不是仅仅为了生存，而是因为兴趣与价值，有一些深层的意义在里面，我觉得很高兴我确实超越了功利这个层面，我做的选择始终是围绕着我觉得自己首先有这方面的兴趣与能力，另外我做的东西是社会需要的，对社会有价值的，有用的东西。当年我就是一个普通的知识青年，抱着一种革命理想主义的情怀去草原插队，我现在仍然没有后悔，我觉得那段生活虽然很艰苦，但很有价值，对我是一种历练。因为你可以想象，在一个一次坐车就要花一个星期的地方，最开始坐火车，然后火车没有了，坐汽车，最后汽车也没有了只能坐马车或驴车。我插队那个地方没有电，你想象那个地方要多落后就有多落后，用水都很难，冬天零下四十几度，房间里没有玻璃，就有窗户纸，我在那儿过了几个冬天，跟我同去的同学都回家过春节去了，我没有回去，我觉得我就是要锻炼锻炼自己，抓住这个机会历练一下自己，跟当地老百姓住在一块，我觉得对于我来说是一种难得的挑战与锻炼。

　　我觉得我人生最有价值就是你始终保持着一种生命力，一种热心，一种激情，同时能够正确认识自己的价值；此外，你做的东西你能够意识到这个东西一方面是你自己兴趣所在，另一方面对社会是有价值、有贡献的。很难得的就是两者相辅相成，违心地做一件事情是非常痛苦的事。1985年我研究生毕业的时候，共有17个工作岗位供我选择，因为那个时候硕士研究生很少，用人单位大部分都是比较重要的一些党政机关，但是我正确地评估我自己，我可能不太适合去政府机构，因为我这个人喜欢直抒胸意，喜欢有什么说什么，追求独立思考，并且不愿意隐瞒自己的观点。我觉得从政的话，我不会是一个非常好的政治家，从政需要讲究一些策略、一些技巧，有的时候要留有余地，话说三分，这个我觉得很正常，因为你要搞政治吗？如果你说多了人家会觉得你自我膨胀，自我表现欲太强了。你作为一个政治家有时候要内敛，有时候要低调，我觉得我的性格可能不太适合，我就选择去北京大学了，在北大我可以继续搞我的学术事业，可以去把我的观点传授给更年轻的一代人，这对社会也是一种很大的贡献，社会也需要这样的人。总体上来说，我就觉得最关键就是把握一个原则，就是你做的事情能够创造价值，对社会、对国家、对人类有所贡献，且适合你去做，二者缺一不可。

面孔九｜夏陆欣

语　录：

创业前期靠勤奋和执著，永远要有憧憬。先抓块木头跟上大潮，然后再换船。之后就有远航的本钱了。再后来大家就拼情商和智商了。

在经营的过程中要及时认识自己的失误和错误，承认它。并立即改正即便付出很大代价。

中国创业者
采访本

Chinese
Entrepreneurs
Interview
Book

夏陆欣，捷克旅捷华人联合会的副会长，北京比奥瑞生物科技有限公司董事长。

创业者档案

1989 年毕业于北航电子自动化控制专业，1990 年出国，先后在意大利、匈牙利生活，1991 年到了捷克。1993 年开始在捷克注册公司，开商店，从事服装批发、贸易生意。2001 年开始酝酿转型，从服装生意转向高科技产业。2004 年开始做"农业医生"。

记者印象

任志强说："移民的原因有很多种，但是最重要的是安全感。生命的安全，财产的安全，食品的安全，空气的安全等等。"在越来越多人由于某种不安全感选择移民，或者逃离某个城市的时候，二十多年前走出国门的夏陆欣却选择了回国，他说他要把国外的先进技术引进来，用科学和先进技术解决国内存在的问题，来改变国人的这种不安全感。他说这其中有很多困难，但是他在尝试着改变。

夏陆欣为人谦和、讲义气，在朋友圈子的口碑很好。但是采访他，需要有足够的耐心，因为他更愿意讲身边的朋友，而忽略自己，他更愿意做事儿，而少有言辞，但是你如果了解他的故事你会觉得他是个地地道道的、有责任感的实干家。

1989 年北航毕业以后，凭借着一口地道的英语轻轻松松的走出了国门，出国转了一圈儿发现捷克缺少轻工产品，就决定留在捷克做批发、贸易生意。没想到一发不可收拾，成了布拉格家喻户晓的中国商人，现在能够操着很纯粹的捷克语融入到捷克上层主流社会当中。有着自己的生意，夏陆欣的生活过的很享受，但他并不甘心，他开始经常往国内跑，他说，现如今他有"侨"的优势，就把国外的朝阳产业引进中国，为自己的祖国做点事情，现在他要做的是生物科技，解决老百姓饭桌上的安全问题。

2004 年他到寿光参加世界蔬菜博览会，让他灵光闪现。生活在欧洲的他发现，当时的蔬菜病害防治主要靠化学农药，而化学残留问题解决不了，必然对人体造成伤害，要从根本上解决问题，达到"让蔬菜摘下来就可以吃"的目标，生物农药是很好的突破口，食品安全问题可以得到解决。带着这个发现，他找到捷克国家科学院 25 年来的研究成果——寡雄腐霉微生物杀菌剂，并通过市场化的手段引进中国，使之成为进入中国生态农业的一块"敲门砖"。

2009 年，北京比奥瑞生物科技有限公司成立，他担任董事长。同年，该产品拿到了农业部的农药登记证，获准在中国使用，广泛用于蔬菜、水果方面的病害防治。为了这个产品的推广应用，9 年的时间里，公司陆续投入数以千万元计的资金。他的目标是，利用生物技术，给中国的生态农业提供一个最终的解决方案，彻底解决农药的残留问题。这个方案是包括生物杀虫剂、生物杀菌剂、生物生长调节剂、微生物肥料的针对不同农作物的配套组合技术。

为了这个目标，夏陆欣要寻找许许多多的合作伙伴。和中国农科院水稻研究所合作，在浙江富阳做水稻上的应用技术试验，已经做了 7 年了；和北

中国创业者
采访本
Chinese
Entrepreneurs
Interview
Book

京市农业局合作，做控制农业面源污染项目，已经 3 年了；和吉林水稻所合作，研究解决水稻的青枯、立枯技术；和甘肃合作，解决苹果树的腐烂病问题……

为解决这一个个问题，夏陆欣做起了"空中飞人"。他把捷克在这些方面的好技术、好产品引进来，把要解决的问题提出来，让两边的专家加以研究解决。为此，夏陆欣坐着飞机在中国和捷克之间穿梭，成了名副其实的"空中飞人"。在夏陆欣的热心呵护下，公司一天天壮大起来，而他的梦想也一步步近了……

『侨』的秘诀
——专访比奥瑞生物科技有限公司董事长 夏陆欣

选择出国

记者：您 1989 年毕业以后就出国了，为什么选择出国？都去了哪些国家？为什么后来选择了捷克？捷克有哪些地方吸引到您？

夏陆欣：主要是感觉当时国内的体质没有给自己更宽的发展空间，当时几乎都是公有制企业。另外应该说骨子里有种不安分吧。喜欢寻找挑战。也想在生活和收入上有本质的改变。第一次是坐火车出国的，经过苏联和南斯拉夫，在意大利和匈牙利都住过几个月。到捷克是个偶然的机会，无意中就留了下来。经过多年的生活才给当初留下来找到了坚强的理由。首先捷克有很悠久且保存完好的历史和古迹，上千年的建筑很多。到处是森林，环境优美，气候宜人，号称欧洲的花园。捷克又是老牌工业国，基础设施很好。从经济上讲发展强劲，汇率稳定。从人文上来看人口素质高，做事严谨，对人温和。

初次创业

记者：1993 年您开始在捷克注册公司，开商店，从事服装批发、贸易生意。为什么会选择创业，或者说在国外创业，有哪些成功的经验和失败的教训可以分享给年轻的创业者？

夏陆欣：其实很多路是被逼出来的。当时来到捷克不会当地语言，文化上差异很大。几乎不可能在当地找到工作。既然出来了混不出个样子没脸回国。我想这应该是咱大多数中国人的共性吧。另外中国人闯东欧，利用国内轻工品廉价优势的贸易形势已经有了雏形。白手起家的最大机会就是同胞间的信任，能拿到代销货，努力销售逐步积累。

目前还谈不上什么成功，经验和教训是有一些。其实很简单，创业前期靠勤奋和执著，永远要有憧憬。先抓块木头跟上大潮，然后再换船。之后就有远航的本钱了。再后来大家就拼情商和智商了。

另外就是在经营的过程中要及时认识自己的失误和错误，承认它。并立即改正即便付出很大代价。

酝酿转型

记者：2001 年开始酝酿转型，是什么样的机缘让您想要进入高科技产业，最终您选择了怎样的产业，如何做的选择？这中间有怎样的机缘？

夏陆欣：当时感觉中国的轻工品贸易随着国内劳动力成本，汇率的变化会逐渐萎缩。在东欧几乎大多数的华人都聚集在这个行业，进行低端竞争。看到国内经济迅猛发展，有潜在巨大的市场。就想利用自己的优势和所在国工业基础的优势，寻找能在国内可持续发展的产业。我本人是学电子自动控制的，对先进技术可以很快理解和接受。最初锁定了新能源，环保，生物工程这几个产业，应该是 21 世纪的亮点产业。我们曾经尝试过一些环保设备，新能源项目等等，但当时国内的经济，政治环境和百姓的理念都远远达不到，盲目投资肯定会当先烈。后来一个偶然的机会使我们接触到了生物农药这个行业。当时我眼前一亮，我们天天在欧洲吃安全食品，如果能将欧洲的先进的生物产品和环保理念带到祖国，让中国的百姓都吃到安全的食品，真是利国利民的大好事。同时中国经济发展迅猛，生活富足了对于食品安全和健康的要求一定会提高。潜在巨大的市场，一定能取得巨大的社会效益和经济效益。虽然当时还没出现三氯氰胺和毒豇豆事件，人们对安全食品没有什么诉求。但我们相信这一天即将到来。

初获成效

记者：2004 年开始做"农业医生"，如今的进展情况如何？能给我们详细的介绍一下吗？目前在国内推广的情况如何？遇到怎样的困难？又有怎样的期待？

夏陆欣：我们近年来主要聚焦在生物工程领域，通过引进欧洲先进的生物技术进行应用研究。同时与国内外专家合作，共同开发研究以农用生物技术为主的生物农药。取得了初步成果。部分产品已经取得了农业部的登记。同时被农业部制定为重点推广产品。达到全国为数不多的豁免残留检测标准。同时我们还得到农业部、北京市及全国多省市的大力支持。作为世界最高端的生物农药，我们的产品连续几年进入政府采购项目。我们还与包括中粮、中化等大集团公司的基地、主要出口产区及大型有机农场合作，对生态农业、安全食品的生产产生了良好的示范作用。值得欣慰的是我们的产品已经切实为中国的安全食品生产提供了可能性和强力的支持。

近年来随着人民生活水平的发展，加之不断被曝光的食品安全问题，全民对安全食品的呼声越来越高。国家也不断颁布法规越来越多地禁止使用高残留的化学农药。显而易见生物农药取代部分化学农药是必然趋势。然而在我们推广生物农药的过程中确实存在许多困难。

第一，农民趋利，每家每户拥有的耕地很少，种植收成几乎是他们收入的唯一来源。农民是弱势群体从农业生产资料（种子、肥料、农药、农机及设施）的采购到农产品的销售都控制在经销商手上，农产品的利润绝大多数被流通环节吸走。因此农民即便认识到高浓度化学农药的危害也不惜使用廉价高毒的化学农药来追求更多的收入。

第二，由于一些监管部门执法检查力度不够造成被禁用多年的高毒化学农药仍在许多地方销售。另外许多农药采用了被禁用高残留化学原药作为隐形成分。比如，福美肿等农药已被国家严令禁止。高毒苹果套袋中发现的就是福美肿。但目前在市场上绝大多数用于苹果树的杀菌剂都含有福美肿隐形成分。这种做法在农药界几乎是潜规则。许多被禁的高毒化学农药几十毫克就可使人致死。对土壤产生的长期危害就更严重了。

第三，造假风气严重，法律不够严，造假犯罪成本低。种子造假，农药造假，有机产品造假等等已经泛滥。没有检测手段，无法辨识有机产品的真假。造成了老百姓对农产品特别是有机产品的信任危机。从而使得有机产品不能体现它的真正价值。使得真正坚守原则种植有机产品的没有利润。这样就形成恶性循环，迫使部分有机基地偷着使用高残农药。

第四，经销商误导。目前参与种植的农民几乎在 55~70 岁之间，他们农机知识缺乏，主要通过基层经销商指导。经销商为了追求更高的利润经常误导农民，让其购买利润最高的产品。

第五，政府应更充分认识到高残留农药对土壤及环境长期污染的严重性，加强监管。加大对生物农药支持力度。基层农技部门要作为，对农民进行技术和道德培训。

我们期待随着社会的发展政府和越来越多的老百姓包括农民兄弟，更加多的关注食品安全，认真执行标准和法律。提高我们全民族的健康标准和道德意识。

相信随着土地流转，越来越多的知识性的经营人才管理农场，科学的种植，保护我们的生态。中国的生态农业新时代即将到来。

说食品安全

记者：如何看待国内的食品安全问题？国外有怎样的经验值得我们借鉴？

夏陆欣：食品安全紧系人民的健康和民族的兴旺发达。在这个问题上必须要有长远的眼光，所有相关人员要本着为子孙积德，为民族积德观念。在欧洲食品安全上法律很严格，在食品安全上出现问题会受到严惩，犯罪成本很高。同时公共道德会认为这是伤天害理。会在个人诚信记录上记录一生。前几天在俄罗斯就拘捕了几个在当地种植蔬菜的中国妇女，原因是为了追求高利润使用禁用的从中国偷带出去的高毒农药和激素。这实际上是法律意识的薄弱和道德的反差。我相信中国要持续高速发展最重要的是提高全民素养和自觉的法律意识。

海外游子、祖国情

记者：有人说您是"勤奋的空中飞人"，因为要往返祖国和捷克之间，到底是什么样的事业前景让您如此充满了力量？如何评价您现在正在从事的事业？

夏陆欣：实际上人的本性没有"勤奋"二字。可能是不甘寂寞吧，也可能是不服输吧。应该说多年来是困难引导我们前进的，每次遇到困难就有迎难而上的欲望，当困难解决了而且又看到一片蓝天，得到的就是更高的希望。另外就是这个事业越干感觉越有意义，受到社会和亲人的认可和鼓励，觉得很有成就感，也能圆了我们海外游子的祖国情结，这就是动力吧。

经验分享

记者：如何评价中国的创业者和其他国家创业者的区别与联系？

夏陆欣：在创业方面能够跟大家分享几点： 第一，在当今的社会形势下首先要有前瞻的视野和准确的评估，不能盲目。第二，已正规的商业模式和经营模式去预测你的财务（起步要高）。什么意思呢？在欧洲创业者在选择行业和论证可行性时会根据自己的期望收益计算产品按照什么样品的市场品质定位，数量，销售计划，销售收入。所得税，保险，工资，包括自己的劳动等成本然后计算。一旦创业成功，公司正规，马上可以放大。如能避税马上可以增加利润。公司有竞争力。一些中国创业者喜欢把所有避税，节省材料等成本都降到最低，自己劳动也可以先不算钱。这样情况下去考虑竞争和论证可行性，公司的抗风险能力很差，一旦每个环节发生问题公司就没有利润。即便前期创业成功了，公司也不正规不能放大。第二就是要有等待成功的耐心。

记者：能分享一下您的人生信条和经验吗？

夏陆欣：我想就是有韧劲，不服输吧。在任何情况下给自己正能量，善待你身边的每个人每一草一木。你就有正能量了，就自在了。

面孔十 | 叶明钦

语 录:

无论做什么行业，永远做一个开拓者，永远沐浴在朝阳产业中。

在我眼中，优秀的创业者要有卓然不群的能力和眼界，龙生九子，各不相同，每个人的优点和风格都不一样，不跟风模仿，发挥自己特有的才干。春秋战国百家争鸣，如果所有创业者都一股风地跟随了仁德中庸的儒家，就不会有超脱睿智的道家，不会有阔斧改革的法家，不会有兼爱非攻的墨家，不会有斡旋驰骋的纵横家。所以优秀的创业者不是要具备别人认为的条条框框的才能，而是看你能不能发挥自己本身特有的才能，当今中国很多行业的领袖人物，都是不拘常形的怪才，所以我主张优秀的创业者最主要的就是做好自己，发挥自己的才能。

中国创业者
采访本

Chinese
Entrepreneurs
Interview
Book

叶明钦，金港控股有限公司董事长兼首席执行官。

创业者档案

1960 年，出生在福建南平；1978 年，考入北京商学院；1979 年，赴加拿大留学，获渥太华大学管理学位；1986 年，回国出任加拿大 DIPIX 公司驻中国首席代表；1989 年，就任美国 IBM 公司中国代理总经理；1990 年，出任美国 SSA 公司北亚洲区总裁；1998 年，创办志港集团，经营"伊力诺依"家具；2000 年，创办北京金港汽车公园，任金港控股有限公司董事长。兼任北京市汽摩协会副会长；北京市体育休闲协会副主席；北京市朝阳区体育总会副主席；北京华商会副会长；北京侨商会副会长；北京福建商会名誉会长等。

记者印象

他是 20 世纪 70 年代的第一批公费留学生、80 年代第一批回国发展的海归、IBM 全球企业最年轻总经理、中国第一条 F3 赛道创建者、汽车公园概念的第一位首创者和践行者。他的身上体现出了传统与时尚的结合，东方与西方的共通，一种什么样的人生经历，塑造出了这样一位卓然不群的创业者，我们不妨走进他的世界。

叶明钦出生于福建省山区，自孩提时代起，他就对家中收集的各种书籍饶有兴趣，书中的新鲜事物、大千世界，让这个出身农家的孩子对大山之外的天地充满了向往。1978 年，恢复高考，叶明钦以数学、地理、历史等科目几乎满分的成绩进入北京工商大学。那一年他终于走出大山，那一年他 18 岁。

20 世纪 80 年代的北京工商大学毕业的大学本科生，即使不是留在国家商业部，也可以分到各省商业厅。然而，叶明钦并没有选择多数人选择的道路。而是对西方先进的商业管理心生向往，在课余时间里，他到北大、北京语言文化大学等外语专长的学校，与英语纯正的外国友人交流学习，在英语日益娴熟的同时，他的心里再度涌现出了新的梦想：山外的世界已经看到，国外的世界又到底是怎样？

1979 年，加拿大商学院与中国进行学术交流，招收 5 名公派留学生，叶明钦从数千名优秀竞争者当中脱颖而出。最终，顺利的搭上了飞往"枫叶之国"的航班，那一年他 19 岁。

进入了一片崭新的土地，叶明钦对所有的新鲜事物都充满着好奇，他像海绵一样吸取着知识、见识和异国的风土人情，为了进入更高等的学府、获得更高水平的知识，他放弃原本的学业，考入渥太华大学，1985 年，拿到了渥太华大学工商管理学的学位。也开始过上稳定的中产阶级生活。但叶明钦内心深处明白自己真正属于哪里，明白什么样的人生才有意义。

中国创业者
采访本

Chinese
Entrepreneurs
Interview
Book

离开祖国已经整整 7 年，作为一个游子，他也时常挂念着自己生长的地方，而此时加拿大 DIPIX 公司开拓中国市场的决策点燃了叶明钦一直以来的那颗回国之心。在大陆"出国潮"刚刚兴起之际，他选择了回国。

DIPIX 公司的卫星遥感技术一经投入中国市场就获得了极大的成功。而此时他又涉足了一个全新兴起的产业——IT 业，在 IBM 公司开始了他新的尝试和开拓。

1989 年，他使 IBM 在中国首次盈利，出色的业绩使他成为了 IBM 全球企业中最年轻的总经理，而年薪也相当的客观。但此时的他又转到美国著名的 SSA 软件公司，受命在北亚洲各地创办分公司，之后成为了公司北亚洲地区（大中国区）的总裁。

1998 年，叶明钦卖掉了他几年来累积共计 200 万美元的 SSA 公司股票期权，创立"伊力诺依投资有限公司"，专事高档家私和室内装饰的经营。就这样，从职员到老板，叶明钦完成了他职业生涯中第三次转行。在叶明钦的管理下，公司的事业蒸蒸日上，几年内便迅速壮大起来，"伊利诺依"占据了北京高档家具 70% 以上的市场份额，打下了北京家居领域的大半壁江山。集团也因此发展成了一家资产过亿的跨国公司，在美国、中国香港、新加坡等都设有业务机构，叶明钦本人也一跃登上胡润富豪排行榜。

2000 年，正是国内外知名汽车生产商开始在中国群雄逐鹿的一年。正当此时，占地 600 亩的金港汽车公园呈现在了人们的眼前，这座曾经无人问津的废弃砖厂遗址，在短时间内变成了 1.3 公里 4×4 的越野赛道和专业的 F3 赛道，赛道带动了汽车赛事、汽车文化、汽车销售等产业的发展，各大知名汽车厂商如雨后春笋般争相进驻，保时捷、捷豹、宝马、奔驰、奥迪、路虎、法拉利变废为宝，叶明钦的转行再一次转身。

金港汽车公园最大的与众不同之处在于，这里有专业的 F3 赛道，4×4 越野赛道，还配备有大面积的汽车展区和销售区，同时还拥有一切与汽车文化相关的场所和娱乐设施。广场内设有汽车旅馆、汽车酒店、汽车酒吧、汽车休闲和大型购物中心，园内还有特色的汽车博物馆，人们不仅可以欣赏到年代不同、姿态各异的汽车，同时还可以了解到汽车的整个发展历史，原本抽象飘忽的汽车历史此时鲜活的展现在面前，这种别具一格的汽车文化在中国是有史以来的第一次。

2012年12月，金港明晨自驾旅游公司成立，亲自驾驶越野车队游览于七大洲的城市、小镇、沙漠、草原，感受异国风景文化，汽车与旅游实现了无缝对接；2013年初，Drift汽车漂移俱乐部成立，备受国内外年轻一代追捧的时尚运动，也即将引领一股全新的风潮。

2012年9月8日，福州新榕城市建设发展有限公司与金港汽车公园管理（北京）有限公司合资成立海峡金港汽车文化广场（福州）股份有限公司，管理占地1460亩的"海峡汽车文化广场"。广场分为汽车商务综合区和4S品牌专营区两大部分，左手投资建成中国首条0~400米直线竞速赛道，着力打造集汽车赛事、汽车运动、娱乐文化、旅游度假等产业为一体的现代化汽车商务服务平台；右手打造"大4S"汽车商业综合体运营模式，力求囊括国内外所有知名汽车厂商，将汽车销售、汽车维修、汽车后市场、汽车信息服务以及其他相关产业发挥到极致。左右手并抓，盈利与发展并举。叶明钦希望，未来这种汽车文化产业的理念能挂牌上市，实现向资本市场的转身。

接下来，他希望将汽车公园理念复制到全国各个城市中，将汽车文化遍及到已经成为"世界汽车销量第一"的神州大地。

做永远的开拓者

—— 对话金港控股有限公司董事长 叶明钦

先积累，再创业

记者：1998 年您辞去了世界著名软件公司——加拿大 SSA 公司北亚洲区总裁职务，能介绍一下 SSA 公司吗？为什么会选择辞职创业？这其中有怎样的机缘？您认为创业要具备怎样的优势条件？

叶明钦：SSA 是世界著名的企业管理 REP 系统供应商，最成功的软件公司之一，从 1990 年开始我受命在北亚洲各地创办分公司，之后成为公司北亚洲地区的总裁，共 8 年时间。

我觉得辞职创业是一个转变的过程，也是人生积累到一定阶段的必然结果，包括经验的积累、历练的积累、财富的积累，当这些都达到一定程度时，伴随着机缘巧合的到来，必然就会走上自主创业的道路，所以我的辞职创业看似传奇故事，实则也是遵循了这条规律。

创业所需要的条件，就如我上述所说，首先需要积累。古人云：修齐治平。其中前两点"修身"、"齐家"，引申为当代的意思，就是人生知识、生活和财富的积累，后两点"治国"、"平天下"，引申出来就是创业。先积累，再创业，古今同理。

走在潮流前沿

记者：看到您的简历上有这样的介绍，"20 世纪 80 年代，出国热，他回国了，成了第一批海归。90 年代初，地产热，他去搞高科技了（IBM、SSA）。90 年代末，网络热，他去搞家具产业了（伊利诺依家居）。21 世纪初，他又去搞汽车运动产业（金港汽车公园）"。这样的总结从我们角度来看您不太愿意跟随潮流，却又有一套自己的理论，能跟我们分享一下您的创业理论吗？现在来看这几次的转变或者说选择您会如何总结？

叶明钦：在大家看来我没有跟随潮流，但同时我也并没有落后于潮流，其实可以说我是变换了一个不同的角度，以另外一种眼光在从旁审视着潮流。在大家都做贸易的时候，我做软件、做 IT，是因为在经济和收入逐步上涨之后，电脑和高科技必然会进入商业领域和百姓生活，因此我做高科技。地产热，大家都在关注地产行业的时候，我注意到的是在地产升温的同时，人们安居乐业之后的下一步必定是对于高档家居的需求，所以我做家具。潮流发展到 21 世纪，中国即将进入汽车时代的时候，千家万户都开始畅想拥有一辆车，我利用地产率先做汽车文化产业。我不敢说自己是先潮流而动或是引领潮流，就像刚才所说的，我只能说我是在以另一种视野观察着潮流，从一种全新的、不同的领域作为切入点，永远走在潮流前沿。

开拓者

记者：有人说您很"狡猾"，有人说您是处女地的"拓荒者"，也有人说您温文尔雅，像极了学者，是儒商，您怎么评价自己，评价创业者？在您眼中优秀的创业者应该具备怎样的才能？

叶明钦：世界是多元化的，置身于当中的我们，每一个人也同样有各自多元化的眼光，每个人眼中的世界都不相同，创业者也是一样，要有自己的眼光。我对自己的评价也恰如你所说，我把自己称为"开拓者"，在还未有人涉足的行业领域开拓，可能这个领域的第一桶金收获的比较辛苦，但就像在新开垦的土地上第一次丰收，这种收获是实实在在的，让人心里踏实。一旦大家都发现了这块新大陆，跟风而至的时候，我可能已经满载着自己的收获去发掘新的绿洲了。所以无论做什么行业，永远做一个开拓者，永远沐浴在朝阳产业中，这就是我对自己的评价。

在我眼中，优秀的创业者要有卓然不群的能力和眼界，龙生九子，各不相同，每个人的优点和风格都不一样，不跟风模仿，发挥自己特有的才干。春秋战国百家争鸣，如果所有创业者都一股风的跟随了仁德中庸的儒家，就不会有超脱睿智的道家，不会有阔斧改革的法家，不会有兼爱非攻的墨家，不会有斡旋驰骋的纵横家。所以优秀的创业者不是要具备别人认为的条条框框的才能，而是看你能不能发挥自己本身特有的才能，当今中国很多行业的领袖人物，都是不拘常形的怪才，所以我主张优秀的创业者最主要的就是做好自己，发挥自己的才能。

金港汽车公园

记者：您在创业初期介入了家居行业，而二次创业却进入了一个完全不同的汽车行业？为什么会有这么大的跨度？进入汽车行业的缘由是什么？如何发现这样的商机？您能详细介绍一下您现在正在打造的汽车产业么？您对它的未来有怎样的预期和规划？

叶明钦：我经常说的一句话："当别人都在往左转的时候，左边一定很拥挤，那么你不妨往右转。"所以我不在乎行业的跨度有多大，我愿意去开拓。进入汽车行业的缘由之前我也提到的，我判断中国必然成为汽车制造大国、消费大国，也必然成为汽车文化大国。而汽车运动是汽车文化最重要的一环，可能是利润的最大增长点，当机会来临时，我毫不犹豫地进入。目前正在管理打造的规模更大、文化更全面的汽车公园。是我在经营"金港汽车公园"十年的历程里，逐步改善不足、摸索成熟的模式，现在准备将这种模式进一步推向全国，在适合的城市中进行复制，最终将这种文化与商业地产相结合的产业模式达到上市。它将是一种规模更大、更专业的汽车公园，将汽车的销售、服务、赛事、文化结合的更完美。此模式有利于整合城市中与汽车相关的行业，统一规划管理，节省城市空间，更能带动周边娱乐、餐饮、广告等一系列产业，更大的增加城市税收和就业，在引领该城市汽车文化的同时，成为城市的品牌产业。

第一桶金

记者：都说创业需要原始的积累，您能分享一下您是如何完成原始积累的吗？这里面有怎样的经验与我们分享？

叶明钦：我的原始积累，也就是我的人生第一桶金，就是我回国奋斗的最初十年中获得的，记忆尤为深刻的是 1989 年动荡期，我当时是 IBM 最年轻的一任总经理，在很多外商纷纷撤离中国的时候，我坚持留下来，并获得了数千万美元的合同，实现了 IBM 在中国的首次盈利。在 SSA 任总裁时，持有作为福利和奖金的公司股权，再加上丰厚的薪酬，一年约有 30 万 ~40 万美元收入，这些都是我创业前的原始积累。其实不仅仅是资金的积累，还有更多的是销售能力、管理经验、阅历见识等的积累，都在为我下一个人生目标做准备。说到原始积累的经验，我当时最大的"武器"就是作为一个中国人的自豪感和责任心。当时作为第一批回国打拼的海归，我对祖国永远都是充满信心，中华民族是个伟大的民族，会变得越来越强，发展越来越好。正是坚持着这样一种信念，我才在跨国公司中稳步的积累着经验和财富，带着尊严和自豪逐渐变得优秀。

"永远不要爱上一个行业"

记者：有人说创业要选对行业，但是更在于坚持经营某一个行业，可是您涉及这么多行业，其中的原因是什么？现在您是否对新的行业感兴趣，如果有是哪些行业？

叶明钦：李嘉诚说过："永远不要爱上一个行业。"坚持于一个行业并没有错，但随时关注着行业的变化，留意着新生行业的发展，寻找新的机会，这也是作为一个创业者，作为像我这样一个"开拓者"所必须秉承的理念。

新的行业有着大的风险，但也能获得更大的回报，我不会在一个行业里呆一辈子，永远在寻找新的道路，走别人没有走过的路，才是我追求的目标。现在我感兴趣的行业有很多，但总体来说，我是以"产、融、教"三大板块结合来定义我今后的方向，我个人是做实业出身，无论是家具还是汽车公园都是实业，因此我的主方向一定不能偏离实体产业，这是实实在在的立业根本。高端教育可以营造良好的平台，更好的为产业和金融提供支持，也更有利于发现新兴行业，所以我目前是以产业、金融、教育三方面结合为创业方向。目前还有很大潜力的就是传统文化，一定是未来逐渐复苏的行业，因为国家发展的脚步清晰的预示着一切。1911 年是我们民族觉醒的复兴，1949 年我们是民族独立的复兴，如今我们正在进行的是民族经济的复兴，下一步必将是民族文化的复兴，文化的复兴标志着一个民族真正的复兴，因此我觉得每位企业家都应该心怀这种责任，在民族文化复兴的道路上尽自己的一份力。

经验分享

记者：您在国外留学，以及担任职业经理人期间，有怎样成功的经历与我们分享，这其中又有怎样的艰难和挫折，而您是如何克服的呢？这其中您是否总结出一些经验和教训？

叶明钦：在国外留学、以及担任职业经理人的时候，最大的收获就是人生经历告诉我：要勇于争取并抓住机会，在拥有了成功之后，又应该审时度势，冷静判断，在适当的时候从容退出。就像我们涉足于各个行业的创业和投资，要选的准确——进的冷静——退的从容。如果说有哪些经验教训，不能说是教训，是辛苦。自己之前的创业都是单打独斗，在一个新的领域里埋头开垦，孤立无援的时候着实辛苦。如今的商界已经不是一个单打独斗可以解决问题的时代，强强联手、强弱整合的时代已经来临，各行各业、乃至跨行业的"联合舰队"才是继续乘风破浪的最佳选择，我今后的创业过程中也会更多的寻求志同道合的合作伙伴，寻求各个板块结合的联合型团队。

记者：您的终极追求是什么？接下来有怎样的规划？现在又有怎样的困难，需要怎样的政策或者其他方面的支持？

叶明钦：现在谈"终极目标"为时过早，不断的探索和学习，不断发现更高的挑战。就目前来讲，我重要的目标是将汽车文化公园的模式和理念推向全国，在每个合适的城市中复制汽车公园的模式。我奉行实用主义，汽车

中国创业者
采访本

Chinese
Entrepreneurs
Interview
Book

文化公园这样的项目关乎汽车运动和文化，不能只是凭借爱好空谈，首先它一定要能盈利，在经营汽车公园十余年的积累中，我的经营理念和管理模式已经实现了良好的盈利，因此未来的规划和前景也是非常好的。目前来讲没有任何困难，国家的大力支持以及汽车行业大的发展方向，使我们天时、地利、人和都具备，大家更多的了解我们的模式和理念，相信之后会越来越顺利。

记者：在您的创业过程中有哪些人、哪些事让您印象深刻？如果现在让您跟他们讲几句，您会如何表达？

叶明钦：我十分欣赏一位宝马公司经理的话，他说："要做别人没有的东西。当你有别人也有的时候，你把服务、团队做得更好，一样赢；当别人做的和你一样好的时候，你的成本更低，就还是一样具有优势。"他这番话很朴实，而且是很多人都说过、都明白的一个道理，但就是这么朴实的理论却适用于各个行业，由小见大。"打江山"时靠创新、靠眼界、靠胆略；"守江山"时靠踏踏实实的优化服务、优化团队。另外如果让我现在和这位经理讲几句，我会说："除了这些，还要在'守住江山'后继续创新，这是企业生存发展下去的根本。'江山'光凭守是守不住的，要继续开拓创新，永远做一名开拓者。"

语　录：

　　我们自己内心要保持清醒，始终清晰的明白自己的理想与追求，而不是随波逐流。否则仅仅是量的积累，对于建筑师的成长是毫无意义的。

　　作为玩电子游戏长大的一代，我认为创业者很重要的品质是要有游戏精神，即在投入的玩的时候，一定要全身心投入，不顾一切，努力向前。而游戏机关机后，也能从容的走出房间。要有良好的心态，拿得起放得下

王潇旭，原名王旭。北京人。清华大学建筑学院建筑学学士，美国宾夕法尼亚大学设计学院建筑学硕士，美国纽约州注册建筑师，美国建筑师协会会员，波士顿建筑学会会员，LEED（USGBC美国绿色建筑委员会）认证专家。北京ZNA／泽碧克格鲁建筑设计咨询有限公司董事长、执行总裁。

创业者档案

他具有丰富的国内外大型建筑设计和城市规划设计项目经验，过去9年里，他的作品曾包括获得建筑界设计大奖的校园总体规划，高层商业建筑，综合型住宅，高档住宅区域以及大型集团总部等多种项目类型。2002年他就曾就职于ZNA建筑设计有限公司，在以合伙人身份再次加入ZNA前，他曾以团队主设的身份先后在波士顿Jung Brannan Associates和Stubbins Associates两家设计公司工作。

王潇旭关注的重点在于创造一个新的适合新生代人群的环境和生活方式。他的建筑设计完美结合了传统建筑风格与现代设计时尚的挑战。作为时尚设计先锋一代的同时，他也始终在试图对传统建筑美学及其文化背景进行推广和诠释。

2003年秋季，王潇旭开始任教于波士顿建筑学院，并始终是一名积极的成员和为师生所推崇的导师。2007年，他在北京创立了ZNA亚洲区子公司，带领团队参与了多个大型的综合体项目，为ZNA在亚洲区域市场的业务拓展了新的一页。

荣获奖项

2012 中国人居建筑、环境双金奖——中国哈尔滨哈西新区客运枢纽

2012 中国人居环境建筑、规划双金奖——中国三亚海棠湾红树林酒店

2012 中国人居环境建筑、规划双金奖——中国重庆隆鑫鸿府居住区

2012 绿色设计国际贡献奖提名奖

2011 中国北京朝阳区东坝北区规划设计竞赛第一名

2011 中国建筑学会建筑创作佳作奖——中国哈尔滨哈西新区发展大楼

2011 蓝星杯第六届国际建筑设计大奖赛优秀奖——中国济宁北湖茶室

2010《中华建筑报》最典雅建筑奖——中国哈尔滨哈西新区发展大楼

2010 第二届建筑传媒奖最佳建筑提名奖——中国哈尔滨哈西新区
　　发展大楼

2009 哈尔滨十佳工程奖——中国哈尔滨哈西新区发展大楼

2008 Cityscape 建筑大奖最佳总体规划奖——阿联酋阿布扎比
　　Shams 文化中心

2006 美国 BSA 协会最佳校园规划奖——阿联酋阿布扎比美洲大学

记者印象

　　ZNA 建筑设计事务所，总部位于美国波士顿，拥有长达近 40 年的历史。所实施的项目遍布了全球五大洲十几个国家。这样一个成绩斐然的大牌事务所，几年前也把子公司送到了中国，落地生根发展。而创造这一切的是一位只有三十出头的年轻设计师王潇旭。为什么是他？他身上有哪些过人之处？他对设计有着怎样的独到的理解和信念？作为企业的管理者他又如何带领企业走向发展的快车道呢？带着诸多的疑问我见到了这个众人眼中的"天之骄子"，帅气、阳光、亲切、从容，这是我对他的第一印象……

中国创业者

采访本

Chinese
Entrepreneurs
Interview
Book

年轻总裁的设计人生

——对话 ZNA 董事、
执行总监　王潇旭

学习建筑

记者：为何会学习建筑设计，并留学国外，清华大学和宾夕法尼亚大学的学习生活有什么不同，给您的建筑设计生涯带来了怎样的影响？

王潇旭：我们那个时代的高中生，没有现在发达的在线资讯，所以对大学不同专业是做什么的并没有太多了解。我选择建筑系更多是因为对绘画和艺术的喜爱，而建筑学系是理工科中唯一可以上课画画的专业，就这么选择啦。

留学应该说是清华大学的一个传统吧，而且在建筑系的学习自始至终都受到很多国外建筑大师和事务所的作品及理论的影响，似乎出国留学继续建筑专业学习成了相对顺理成章的事情。

清华大学建筑系教学严谨，给学生们打下了良好的基础，是我至今非常感激的。虽然当初刚到美国的时候，一度认为国内的教学过于死板，但回过头来看，只有坚实的基础才能支持日后的高强度成长，师傅领进门，修行在个人。后来到宾夕法尼亚大学求学，初次接触非常开放和艺术导向的启发性教学方式，短时间内可以应对自如，也和当初清华大学基本功的训练是分不开的。然而，纵观求学过程，无论是在清华大学的基本功训练，还是在宾夕法尼亚大学的开放性思维训练，都还可以列入"术"的层面，真正在两个学校表象之后的本质收获都是他们所培养出来的一种态度，清华大学的踏实严谨，宾夕法尼亚大学的创新开放，都在我的职业生涯中留下了深深的烙印。

回国创业

记者：为什么选择了到美国波士顿的 ZNA 建筑设计事务所工作？ 2007年回国的初衷是什么，国内外的工作环境有什么不同？

王潇旭：在位于费城的宾夕法尼亚大学大毕业之后，投奔了有很多清华校友聚集的波士顿，这是一个充满活力的大学城，美国最古老的城市之一，同时也是一个建筑重镇。毕业时正值"9·11"袭击之后，工作并不算好找，（当然相比起 2008 年的经济危机，似乎那时候也还好），ZNA 应该算我的第一份工作，之后又陆续在 Jung Brannen, Stubbins 两家事务所任职，并同时考取了注册建筑师。

2007 年的回国就如同本科毕业出国一样纯属必然，因为建筑师的战场一定是在充满着挑战和机遇的地方，在过去的 15 年以及以后的很多年，这个地方毫无疑问是中国。国内的项目机会对于任何一个想要有番作为的年轻建筑师来说都是无法抗拒的。在国内 10 年的经验，往往相当于在国外工作30 年的工作量，当然，前提是我们自己内心要保持清醒，始终清晰的明白自己的理想与追求，而不是随波逐流。否则仅仅是量的积累，对于建筑师的成长是毫无意义的。虽然国内的地产开发行业与国外同行业相比还相对欠成熟，但我们无法要求太多，好作品必定会在充满活力的地方迸发出来。这是我们所坚信的。

记者：您创业的动力来自哪里？创业初期有哪些有利因素，又有哪些困难？您认为创业需要具备怎样的内外部条件？如果回头总结一下，又有怎样的经验可以分享。

王潇旭：我的创业应该算是半创业，因为我所做的事是以合伙人的身份把一个已经存在的品牌带到中国，在这片土壤上扎根，并且把这个品牌做大。所以，在创业初期，品牌已经有的历史和项目经验无疑是我们巨大的优势，但面对中国市场，当时我从一个纯粹的设计师转换角色成为一个公司的运营者，无疑同任何一个初期创业者一样，面临着市场的挑战与考验。

回顾之前的历程，我认为作为个体需要具备明确的目标，坚定的意志，和对自己行业的热爱这几个前提条件。因为建筑设计本身就是一个极具挑战的行业，需要设计师自身的天资，清晰的逻辑，良好的沟通表达能力，以及出色的组织能力，而以上这些也仅能够成就一个合格的设计师而已。作为一个企业的初创和领导者，自身的目标和愿景就决定了企业的愿景，决定了一伙人要去奋斗的方向，这非常重要。而在企业发展的过程当中，很多时候我们是要扛过去的，项目多的压力，人员不足的压力，现金流的压力等，所以没有坚定的意志和乐观的心态，恐怕很难赢得这些挑战。而对自身行业的热爱，则决定了我们做了这一切，无论成败，而能无怨无悔，这样才会让我们能够全身心的投入到工作中去。

回头来总结，我不得不说，我们算是一只非常幸运的团队，在过去的历程中走的很顺，在路上帮过我们的人或事，我们都心怀感恩。（比如我们的业主给与我们的信任）。如果说有哪些可以做的更好，我要说在人员方面，我希望我们当初应投入更多精力在人的身上。一个企业不是一所学校，但不以做学校的心态去做一间建筑事务所却只会承担更大的损失。一个企业的长期发展，尤其是作为智力密集型的设计事务所，必然要有强大的人力资源的支持，如果一个团队不能为自己的造血机能做好打算，那一定会感到后继乏力。而人员和团队又是非常需要时间来培育的，所以必须早做计划和打算为宜。

记者：能介绍一下之前做过的项目吗？是否有让您印象深刻的项目，其中有怎样难忘的经历与我们分享？能介绍一下现在正开展的项目么？对企业未来的发展有怎样的期许？

王潇旭：过去这些年，做过不少令人难忘的项目，和团队一起度过了很多激动人心的不眠之夜。其中有些建成，有些还停留在图纸上，但从每个项目当中，我们都学到了很多。比如哈尔滨哈西新区发展大厦，作为政府办公楼，我们探讨了新的空间形式，及其所带来的全新政府形象和开放的办公方式。在这个项目中，我们也深刻的体验了和业主共同设计所带来的乐趣和成果。三亚海棠湾费尔蒙酒店和青岛红树林酒店则是我们公司两个比较著名的地标建筑，虽然我们在中东曾经做过很多地标建筑，但这两个项目是我们团队初期与国内市场融合的典范，将西方的设计理念与中国的文化背景相结合的实践，现在两个建筑都已施工过半，我们非常期待它们的完成。还有像北京的百度总部基地，是我们自认为最值得骄傲的作品，虽然在竞赛中并没有被选为最终实施方案，但我们依然坚信我们的设计是能够代表百度的品牌形象，使之屹立于国际知名品牌企业的标志性建筑，并且在功能上可以最好的满足百度的工作方式和员工需求。

对于企业未来的发展，我希望我们能够着眼于行业的远景，同时保持建筑师应有的社会责任感与先进精神，形成具有行业领导力的团队力量。为了达成这一愿望，我们除了专注提升团队成员的专业能力以外，还持续在组织国际性的公益设计竞赛，关注建筑弱势群体，以唤起建筑师的社会责任感，并且履行建筑师的社会职责。同时，通过对产业链的研究与学习，我们也成立了专门的研究整合机构，将设计向上下游延展，把品牌战略策划，市场营销，项目管理，产品研发，人力资源培训等行业联系起来，去发现设计咨询或者说智慧资本层面的新型组织方式，为即将到来的行业进化提前做好准备。

记者：想要做好建筑设计要具备怎样的条件？关键因素是什么？好的建筑设计的标准是什么？做建筑设计难么，难在哪儿？

王潇旭：想要做好建筑设计如同前面提到的，设计师自身需要有一定的艺术方面的天赋，严谨的逻辑思维能力，良好的沟通协调能力，以及优秀的组织能力。好的建筑设计应该能够有启发性的满足人们的功能需要，在形象和空间上能够激发人们的审美需求。综上所述，我们可以得到一个还不错的建筑，而想要做出出色的建筑，需要以上提到的各项因素的完美结合，同时还要有很大程度的运气因素，所以并不容易。

身为建筑师，我们常常觉得这是个痛苦的职业，因为会影响一个建筑完美表现的因素实在太多了，比如建筑设计和结构，给排水、暖通、电气之间的矛盾协调，可能会令建筑最初的概念打折扣。而在施工过程中可能出现的一系列协调，工作流程，项目管理的问题，有可能造成诸多的不如意之处。建筑的造价，工期等元素所引起的设计变更就更不一而足了。因此，走在完工的建筑中，我们的感觉常常是在检验各种错误，需要强大的神经才能应付。

而从另一个角度来说，做好一个建筑又是简单的，评价的标准就是它是否为某人带来了一丝心动。很多时候，我们发现我们所关注的问题，并不成为困扰使用者的问题，就如同一部戏剧的导演能看到的很多问题，对于不知情的观众来讲，并不是问题或者没做到位，而他们更关注这出表演的亮点在哪儿。所以从这个角度来说，一个好的建筑就是在某一刻某一方面让人们心动的建筑。这应该是建筑从物理直达心灵的那个层面吧。

记者：最近有一部叫《中国合伙人》的电影非常吸引眼球，能介绍一下您的合伙人吗？您认为合伙人要具备什么样的素质，合伙人会带给企业怎样的影响？能分享一下你们共同创业的故事吗？你们共同经历过怎样的困难、成功？

王潇旭：非常喜欢《中国合伙人》这部电影，看了好几遍，因为觉得它几乎就是我们几个合伙人心路历程的真实写照，虽然有些艺术加工的成分在里面。我们几位合伙人都是从大学，研究生，北京到波士顿一路玩到大的，曾经的我们即会在一起熬夜做设计竞赛，也会一起通宵玩电脑游戏，有许多欢乐也有过许多争论。契合度高的合伙人可以让企业全速发展，因为彼此的默契和配合，而当合伙人无法全身心投入合作的时候，也会很容易体现在企业发展的步伐和节奏上。在这方面，我只能说顺其自然，因为很多事不可强求，而当它真的来了，也不要认为理所当然，当倍加珍惜才是。

记者：您认为创业者最重要的品质是什么？您对接下来的人生有怎样的规划？

王潇旭：作为玩电子游戏长大的一代，我认为创业者很重要的品质是要有游戏精神，即在投入的玩的时候，一定要全身心投入，不顾一切，努力向前。而游戏机关机后，也能从容的走出房间。要有良好的心态，拿得起放得下。当机会摆在面前，一定要志在必得，并且有统领整个团队的气度和魄力。但工作不是生命的全部，心态好，才能拥有更广阔的视野，拥有更好的同理心，理解他人。

对于今后的人生，希望可以把我们的事务所做到成熟和系统化，不断地推出优秀的团队和作品。另外，在个人方面，非常希望有朝一日可以从事电影导演的工作，哪怕需要从头学起，因为始终觉得，电影是与建筑非常相通的一种表达方式，我的建筑设计，一直是在以传递一种信息的媒介的方式在操作，希望有一天可以结合电影的第四纬度继续这种信息的传递。

感　　谢

最诚挚的谢意献给——

　　我的老师们陈京生、刘春燕；我的良师益友徐璐玲；感谢曾给予我帮助的周佳雪老师、孙晓萍老师、吴洁茹老师、喻梅老师、何东君老师、李鹏程老师、王涛老师、王建翔老师、张萌老师、单云老师；感谢于源老师为这本书提出的宝贵意见；感谢我的家人对我的鼓励，我的父亲吴明旭、母亲程秀珍、姑姑吴永芝、舅舅程庆林；还有一路上支持我的朋友付鹏，我的好朋友张琳、郭小天、武传艺、赵小来、张海增、尚乐、毛复合、滕飞、任文卿、李菲、田楠楠、张黎迎、陈晓安、周凌云、李孝远、杨曦、张保春、张保荣、郭晓峰。